MANAGERIAL ECONOMICS AND BUSINESS STRATEGY

管理经济学（第8版）学习指导

Business Administration Classics
工商管理经典译丛

迈克尔·贝叶（Michael R. Baye）
杰弗里·普林斯（Jeffrey T. Prince） 著
李 洁 译

中国人民大学出版社
·北京·

工商管理经典译丛

出版说明

随着中国改革开放的深入发展，中国经济高速增长，为中国企业带来了勃勃生机，也为中国管理人才提供了成长和一显身手的广阔天地。时代呼唤能够在国际市场上搏击的中国企业家，时代呼唤谙熟国际市场规则的职业经理人。中国的工商管理教育事业也迎来了快速发展的良机。中国人民大学出版社正是为了适应这样一种时代的需要，从1997年开始就组织策划“工商管理经典译丛”，这是国内第一套与国际管理教育全面接轨的引进版工商管理类丛书，该套丛书凝聚着100多位管理学专家学者的心血，一经推出，立即受到了国内管理学界和企业界读者们的一致好评和普遍欢迎，并持续畅销数年。全国人民代表大会常务委员会副委员长、国家自然科学基金会管理科学部主任成思危先生，以及全国MBA教育指导委员会的专家们，都对这套丛书给予了很高的评价，认为这套译丛为中国工商管理教育事业做了开创性的工作，为国内管理专业教学首次系统地引进了优秀的范本，并为广大管理专业教师提高教材甄选和编写水平发挥了很大的作用。据统计，本丛书现已成为目前国内管理院校和企业培训中采用率最高、影响最大的引进版教材。其中《人力资源管理》（第六版）获第十二届“中国图书奖”；《管理学》（第四版）获全国优秀畅销书奖。

进入21世纪后，随着经济全球化和信息化的发展，国际MBA教育在课程体系上进行了重大的改革，从20世纪80年代以行为科学为基础，注重营销管理、运营管理、财务管理到战略管理等方面的研究，到开始重视沟通、创业、公共关系和商业伦理等人文类内容，并且增加了基于网络的电子商务、技术管理、业务流程重组和统计学等技术类内容。另外，管理教育的国际化趋势也越来越明显，主要表现在师资的国际化、生源的国际化和教材的国际化方面。近年来，随着我国MBA和工商管理教育事业的快速发展，国内管理类引进版教材的品种越来越多，出版和更新的周期也在明显加快。为此，我们这套“工商管理经典译丛”也适时更新版本，增加新的内容，同时还将陆续推出新的系列和配套的案例教材、教学参考书，以顺应国际管理教育发展的大趋势。

本译丛选入的书目，都是世界著名的权威出版机构畅销全球的工商管理教材，被世界各国和地区的著名大学商学院和管理学院所普遍选用，是国际工商管理教育界最具影响力的教科书。本丛书的作者，皆为美国管理学界享有盛誉的著名教授，他们的这些教材，经过了美国和世界各地数千所大学和管理学院教学实践的检验，被证明是论述精辟、视野开阔、资料丰富、通俗易懂，又具有生动性、启发性和可操作性的经典之作。本译丛的译者，大多是国内各著名大学的优秀中青年学术骨干，他们大都曾留学欧美，在长期的教学研究和社会实践中积累了丰富的经验，具有较高的翻译水平。

本丛书的引进和运作过程，从市场调研与选题策划、每本书的推荐与论证、对译者翻译水平的考察与甄选、翻译规程与交稿要求的制定、对译者质量的严格把关和控制，到版式、封面和插图的设计等各方面，都坚持高水平和高标准的原则，力图奉献给读者一套译文准确、文字流畅、从内容到形式都保持原著风格的工商管理精品图书。

本丛书参考了国际上通行的 MBA 和工商管理专业核心课程的设置，充分兼顾了我国管理各专业现行通开课与专业课程设置，以及企业管理培训的要求，故适应面较广，既可用于管理各专业不同层次的教学，又可供各类管理人员培训和自学使用。

为了本丛书的出版，我们成立了由中国人民大学、北京大学、中国社会科学院等单位专家学者组成的编辑委员会，德高望重的袁宝华同志、黄达教授和中国人民大学校长纪宝成教授，都给了我们强有力的支持，使本丛书得以在管理学界和企业界产生较大的影响。许多我国留美学者和国内管理学界著名专家教授，参与了原著的推荐、论证和翻译工作，原我社编辑闻洁女士在这套书的总体策划中付出了很多心血。在此，谨向他们致以崇高的敬意并表示衷心的感谢。

愿这套丛书为我国 MBA 和工商管理教育事业的发展，为中国企业管理水平的不断提升继续做出应有的贡献。

中国人民大学出版社

前　言 Managerial Economics and Business Strategy

欢迎来到精彩纷呈的管理经济学世界！掌握经济学课程的钥匙之一就是做大量的习题。本书为你提供了许多习题及配套答案，为了提高学习效率，用好这本功能多样的练习册。它既可以巩固你对所学知识的理解，又可以提高你的应试能力。

重要概念：本书的每一章都会总结教材相应章节中的定律、定义和概念。在做练习之前确保你已经完全理解这些内容。

问答题：设计问答题是为了帮助你掌握教材中的概念。问答题的答案在本书末给出。要想取得优异的成绩，应该运用答案进行自我检查，而不是根据答案学习。

技能题：设计技能题是为了帮助你掌握解决问题的技能，同时帮助你学会思考经济学家对经济学的观点。技能题的答案在本书末给出。

选择题和判断题：本书的每一章都包括选择题和判断题。在核对答案之后，要明白为什么其他答案不正确。

参考答案：如前文所提，在书末针对问答题和技能题给出了详细的答案，也包括选择题和判断题的答案。

登录网址 http：//nash-equilibrium.com 和作者的个人主页 Irwin/McGraw-Hill (http://www.mhhe.com/baye8e) 可获取更多信息。

目 录 Managerial Economics and Business Strategy

▶▶ 第 1 章

管理经济学基础

重要概念

1. 管理者（manager）指为了达到既定目标而引导资源配置的人。

2. 经济学（economics）是关于在稀缺资源下如何决策的科学。

3. 管理经济学（managerial economics）研究如何通过有效配置稀缺资源来达到既定的管理目标。

4. 机会成本（opportunity cost）指资源的显性成本和隐性成本之和，隐性成本为该资源所放弃的其他最佳用途。

5. 经济利润（economic profit）是总收益与总机会成本之差。

6. 利润向资源的拥有者发出信号，告诉他们社会认为哪个行业的资源最有价值。

7. 根据五力模型，企业保持长期经济盈利能力取决于五种作用力：(a) 潜在进入者；(b) 供应商力量；(c) 购买者力量；(d) 行业内竞争者；(e) 替代品和互补品。

8. n 年后得到的终值（FV）的现值（PV）为：

$$PV=\frac{FV}{(1+i)^n}$$

式中，i 为确定（无风险）的利率。

9. 假设利率为 i，支付流 FV_1，FV_2，…，FV_n的现值为：

$$PV=\sum_{t=1}^{n}\frac{FV_t}{(1+i)^t}$$

10. 某项目当前投资为 C_0，一年后产生的收入为 FV_1，两年后为 FV_2，依此类推，n 年后其净现值为：

$$NPV=\frac{FV_1}{(1+i)}+\frac{FV_2}{(1+i)^2}+\frac{FV_3}{(1+i)^3}+\cdots+\frac{FV_n}{(1+i)^n}-C_0$$

管理者应该接受净现值为正的项目，放弃净现值为负的项目。

11. 资产的价值是它当前和未来现金流的现值：

$$PV_{资产}=CF_0+\frac{CF_1}{(1+i)}+\frac{CF_2}{(1+i)^2}+\frac{CF_3}{(1+i)^3}+\cdots$$

12. 每个期末支付永续现金流 CF 的资产的现值为：

$$PV_{永续年金}=\frac{CF}{(1+i)}+\frac{CF}{(1+i)^2}+\frac{CF}{(1+i)^3}+\cdots=\frac{CF}{i}$$

13. 利润最大化指企业价值最大化，包括当期利润和未来利润的现值。

14. 如果利润增长率小于利率且两者都保持不变，那么，最大化所有未来利润的现值等同于最大化当期利润。

15. 边际（增量）收益（MB）是随着管理控制变量 Q 的变动而产生的总收益的变动：

$$MB=\frac{\Delta B}{\Delta Q}$$

16. 边际（增量）成本（MC）是随着管理控制变量 Q 的变动而产生的总成本的变动：

$$MC=\frac{\Delta C}{\Delta Q}$$

17. 为使净收益最大化，管理者应该增加管理控制变量的使用量直至边际收益等于边际成本，即边际净收益为零，超过该点，继续增加管理控制变量将不会带来更多收益。

18. 当控制变量为连续变量时，给定 Q 的总值曲线的斜率是该 Q 的边际值。进一步讲，给定 Q 的总收益曲线的斜率等于 Q 的边际收益，给定 Q 的总成本曲线的斜率等于 Q 的边际成本，给定 Q 的净收益曲线的斜率等于 Q 的边际净收益。

19. 由于函数的斜率等于该函数的导数，因此既定函数的导数就是该函数的边际值。比如：

$$MB=\frac{\mathrm{d}B(Q)}{\mathrm{d}Q} \text{和} MC=\frac{\mathrm{d}C(Q)}{\mathrm{d}Q}$$

20. 增量决策在增量收益超过增量成本时是有利的。

21. 学习经济学最好的方法就是像学习数学一样——大量做题。

问答题

1. 列举有效管理的六个基本原则。

2. 乔面对以下选择：(a) 支付 5 000 美元去 Econ Tech 上学；(b) 做煎炸厨师，获得 4 000 美元收入；(c) 在一家高档餐厅做服务生，获得 10 000 美元收入。请问乔去 Econ Tech 上学的机会成本是多少？

3. 由两个或两个以上的卖方、两个或两个以上的买方构成的市场上，总是存在什么竞争？

4. 由一个卖方和一个买方提供服务的市场上，总是存在什么竞争？
5. a. 写出计算 n 年后终值的现值的公式，假设利率为 i。
   b. 观察现值的公式，当利率 i 提高时，现值会发生什么变化？
   c. 观察现值的公式，若在遥远的未来收到终值（即 n 增加），现值会有什么变化？
   d. 观察现值的公式，若将来收到增加的终值（即终值增加），现值会有什么变化？
6. 简单解释管理者运用管理控制变量实现净收益最大化的条件。
7. 画图归纳五力模型。

技能题

1. 一家办公用品供应商的管理者打算购买一台复印机，花费为 5 000 美元，可使用 3 年。复印机将为公司第一年节省 20 000 美元，第二年节省 20 000 美元，第三年节省 10 000 美元。第三年结束时还能以 5 000 美元的价格转卖给二手货经销商。与此同时，管理者也可以 5%有保障的利率将 5 000 美元用于投资。为了实现利润最大化，管理者应该购买复印机还是以 5%的利率进行现金投资？

2. Delta 公司希望在可预见的未来以每年 3%的速度成长。公司目前的利润是 1 000 美元，不包括红利。假设市场利率是 6%，公司的价值（所有当前和未来利润的现值）是多少？

3. 一个管理者聘请了一位经济学家评估仓储空间加大若干平方英尺后的收益与成本。研究结果如下：

$$B(S) = 4\ 000S - S^2$$

$$C(S) = S^2$$

你的助手告诉你边际收益为 $MB=4\ 000-2S$，边际成本为 $MC=2S$。

a. 应该增加多少平方英尺以使净收益最大化？

b. 最大净收益是多少？

c. 应该增加多少平方英尺以使总收益最大化？

d. 最大总收益是多少？

4. 一家软件公司的管理者打算以利润最大化的产量水平（Q）进行生产。总收益和不同产量水平的成本如下表所示，单位为百万美元。完成下表，并回答相应的问题。

(1) 产量 Q	(2) 收益 B	(3) 成本 C	(4) 收益一成本 $B-C$	(5) 边际收益 MB	(6) 边际成本 MC	(7) 边际净收益 MNB
0	0	0		—	—	—
1	20	10				
2	38	25				
3	54	41				
4	58	59				
5	50	79				

a. 使净收益最大化的产量是多少？

b. 在这个产量水平上边际收益与边际成本有什么关系？

c. 如果管理者试图使总收益最大化，会发生什么？

d. 当总收益最大化时边际收益为零吗？为什么？

5. 你的研究部门估计的某产量水平上总收益和总成本的关系式如下：

$$B(Q)=8\ 000Q-3Q^2$$

和 $$C(Q)=Q^2$$

所以 $MB=8\ 000-6Q$ 和 $MC=2Q$。

a. 产量水平 Q 是多少时利润最大？

b. 在产量水平为 Q 时边际收益是多少？

c. 利润的最高水平是多少？

6. 根据图 1－1 回答下列问题。

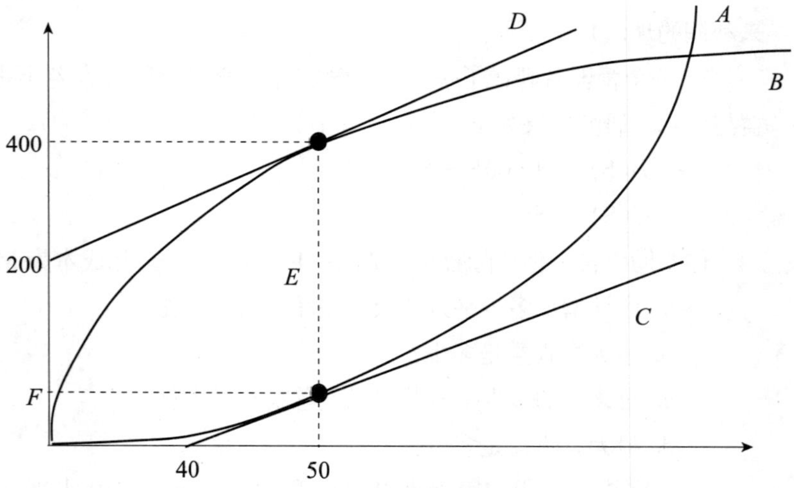

图 1－1

a. 曲线 A 是________曲线。

b. 曲线 B 是________曲线。

c. 曲线 C 的斜率是 50 个单位的________。

d. 曲线 D 的斜率是 50 个单位的________。

e. 线段 E 的长度表示________。

f. 投入 50 个单位管理控制变量的边际收益是________。

g. 假设 50 个单位能使净收益最大化，点 F 处的成本价值是________。

h. 投入 50 个单位管理控制变量的净收益为________。

i. 投入 50 个单位管理控制变量的边际净收益为________。

7. 你是一家小印刷厂的管理者，打算购买一套新的计算机系统以提高效率。

a. 完成下表（单位：美元）。

	当前状况	如果购买系统	增量收益和增量成本
总收益	100 000	101 000	
变动成本	40 000	30 000	
直接固定成本	50 000	59 000	
间接固定成本	10 000	10 000	
利润			

b. 你应该购买新的计算机系统吗？请详细解释。

选择题和判断题

1. 通常，企业退出一个行业是因为（　　）。

a. 会计利润减少

b. 经济利润增加

c. 经济利润减少

d. 价格下降

2. 稀缺资源最终被配置到社会所需要的产品生产中是因为（　　）。

a. 企业目标是利润最大化

b. 在这些领域它们能够被有效利用

c. 消费者需要便宜的产品和服务

d. 企业管理者有慈善之心

3. 将来得到 10 美元而不是现在得到 10 美元的机会成本是（　　）。

a. 如果现在拥有这笔钱可以赚到的利息

b. 这笔钱可以买到的商品和服务的价值

c. 这笔钱对于总收入的相对价值

d. 个人财富水平和额外获得 10 美元对财富的影响

4. 一年后得到10美元，假定利率为5%，其现值是（　　）。

a. 9.50美元

b. 10.05美元

c. 9.52美元

d. 9.77美元

5. 如果你往储蓄账户中存1 000美元，假设利率为7%，一年后你能拿到的钱为（　　）。

a. 1 007美元

b. 1 070美元

c. 934.58美元

d. 930美元

6. 如果利率为7%，一年后得到的1 000美元的现值是（　　）。

a. 1 007美元

b. 1 070美元

c. 934.58美元

d. 930美元

7. 某公司在未来两年每年年末会获得10美元的利润，此后利润将为零。如果利率为6%，公司的价值是（　　）。

a. 18.33美元

b. 20.00美元

c. 40.00美元

d. 34.65美元

8. 假设利率为5%，公司的预期成长速度为2%，并且希望一直持续下去。如果本年利润为100美元，那么在除息日公司的价值是（　　）。

a. 3 100美元

b. 3 000美元

c. 2 650美元

d. 3 400美元

9. 为了实现净收益最大化，管理者应该持续增加管理控制变量直到（　　）。

a. 总收益等于总成本

b. 净收益为零

c. 边际收益等于边际成本

d. 平均成本等于平均收益

10. 经济利润在市场经济中发挥着重要的作用，是因为（　　）。

a. 当资源最具价值时它们发出信号

b. 可用来发放工人报酬

c. 可用来缴税

d. 它们提供工人努力工作的动力

11. 如果利率为 5%，7 年后得到 100 美元的现值是（　　）。

a. $100/(0.07)^5$

b. $100/(1+0.07)^5$

c. $100(1+0.07)^5$

d. 以上都不对

12. 如果 Q 的边际净收益为正，比较有利可图的是（　　）。

a. 增加 Q

b. 减少 Q

c. 保持 Q 水平

d. 以上都对

13. 总收益最大化导致净收益最大化的条件是（　　）。

a. 成本为零

b. 成本上升

c. 成本先升后降

d. 以上都不对

14. 边际收益曲线就是总收益曲线的斜率。（　　）

15. 边际净收益曲线的斜率在 $MB=MC$ 处是水平的。（　　）

16. 边际收益曲线与边际成本曲线的差距在最优产量水平（Q）处最大。（　　）

17. 学习经济学最好的方法是把教材中重要的内容标注出来，然后持续阅读直到弄明白。（　　）

18. 利率越高，未来得到的终值的现值越大。（　　）

19. 当总收益下降，边际成本为负。（　　）

20. 当总成本上升，边际成本为负。（　　）

第 2 章
市场力量：需求与供给

重要概念

1. 如果商品价格下降，其他条件不变，商品的需求量将增加。

2. 市场需求曲线（market demand curve）表示消费者在任何价格水平愿意并且能够购买的商品数量，包括相关商品的价格、收入、广告和其他变量常数。

3. 商品 X 价格的变化导致商品 X 需求量的变化，表现为沿着同一条需求曲线的移动；商品 X 价格以外其他因素（比如收入、商品 Y 的价格）的变化将导致需求变动，相应表现为整个需求曲线的移动。

4. 如果收入增加（减少）导致商品 X 的需求减少（增加），表明商品 X 为正常品。

5. 如果收入增加（减少）导致商品 X 的需求增加（减少），表明商品 X 为劣等品。

6. 如果商品 Y 价格上升（下降）导致商品 X 的需求增加（减少），表明商品 X 是商品 Y 的替代品。

7. 如果商品 Y 价格上升（下降）导致商品 X 的需求减少（增加），表明商品 X 是商品 Y 的互补品。

8. 商品 X 的需求函数（demand function）是指商品 X 的需求量与商品 X 的价格、相关商品的价格、收入水平以及其他需求影响因素之间的函数关系。令 Q_x^d 表示商品 X 的需求量，P_x 表示商品 X 的价格，P_y 表示相关商品 Y 的价格，M 表示收入水平，H 表示其他影响需求的因素，那么商品 X 的需求函数为：

$$Q_x^d = f(P_x, P_y, M, H)$$

式中，H 可以是广告水平，也可以是影响雨伞需求的降雨等因素。

9. 如果 Q_x^d 是价格、收入以及其他影响因素的线性函数，那么需求就是线性的。线性需求函数的方程式为：

$$Q_x^d = \alpha_0 + \alpha_x P_x + \alpha_y P_y + \alpha_M M + \alpha_H H$$

系统 α_i 是给定数字，由管理者提供。

10. 消费者剩余（consumer surplus）是指消费者为得到一种商品愿意支付但无须支付的那部分价值，可以测定消费者愿意为一定数量商品支付的额外费用是多少。从几何角度看，消费者剩余就是消费者购买某种商品愿意支付的价格之上与需求曲线之下的面积。

11. 市场供给曲线（market supply curve）反映了当其他影响供给的因素给定不变时，不同价格下所有厂商愿意并且能够提供的某种商品的总量。

12. 随着商品价格的上升，其他条件保持不变，商品的供给量会增加。

13. 商品价格的变化会引起商品供给量的变化，相应地表现为同一条供给曲线上的移动；商品价格以外其他变量（比如投入品价格或技术进步）都会导致供给变动，相应表现为整个供给曲线的移动。

14. 供给函数（supply function）描述了商品价格、投入品价格以及其他影响供给的变量与该商品产量的函数关系。令 Q_x^S 表示商品 X 的供给量，P_x 表示该商品的价格，P_r 表示相关商品价格，W 表示投入品价格，H 表示其他影响因素，那么商品 X 的需求函数可以写为：

$$Q_x^S = f(P_x, P_r, W, H)$$

式中，H 可以是当期技术，也可以是影响农产品供给的降雨等因素。

15. 假设 Q_x^S 与影响因素之间是线性关系，则线性供给函数为：

$$Q_x^S = \beta_0 + \beta_x P_x + \beta_r P_r + \beta_W W + \beta_H H$$

系数 β_i 是给定数字，由管理者提供。

16. 生产者剩余（producer surplus）是指生产者获得的超出意愿所得的价值。从几何角度看，生产者剩余就是供给曲线之上与商品市场价格之下的面积。

17. 竞争性市场均衡由需求曲线和供给曲线的相互作用共同决定。均衡价格是指需求量和供给量相等的价格。假如 $Q^d(P)$ 和 $Q^s(P)$ 分别代表价格为 P 时的需求量和供给量，在均衡价格为 P^e 时以下公式成立：

$$Q^d(P^e) = Q^s(P^e)$$

均衡数量为 $Q^d(P^e)$ 和 $Q^s(P^e)$。

18. 最高限价（price ceiling）指市场上所允许的最高合法价格。

19. 全部经济价格（full economic price）（P^F）等于消费者在最高限价下支付给厂商的价格（P^c）加上因排队而支付的非货币价格。

20. 最低限价（price floor）指市场上所允许的最低合法价格。

21. 供给和需求曲线对于比较统计分析很有用，即能够预测供给和需求的市场变化对均衡价格和数量的影响。

22. 供给和需求的同时变动会引起均衡价格和数量的同时变动，具体见下表：

变动状态	需求增加	需求减少
供给增加	价格：不确定	价格：下降
	数量：增加	数量：不确定
供给减少	价格：上升	价格：不确定
	数量：不确定	数量：减少

23. 当运用供给和需求曲线分析需求和供给同时变动产生的影响时，要确保结论不是基于你所画出的每条曲线的远近得出的。

问答题

1. 解释需求变动和需求量变动的差异。
2. 列举五个引起需求变动的因素，并解释其对需求变动方向的影响。
3. 什么是消费者剩余？
4. 解释供给变动和供给量变动的差异。
5. 列举五个引起供给变动的因素，并解释其对供给变动方向的影响。
6. 什么是生产者剩余？
7. 在完全市场条件下，是什么决定了商品的价格和数量？
8. a. 什么是最高限价？
   b. 有效的最高限价会对市场产生什么影响？
9. a. 什么是最低限价？
   b. 有效的最低限价会对市场产生什么影响？
10. 图 2－1 表示的是某产品的供给和需求曲线，在此基础上回答下列问题。

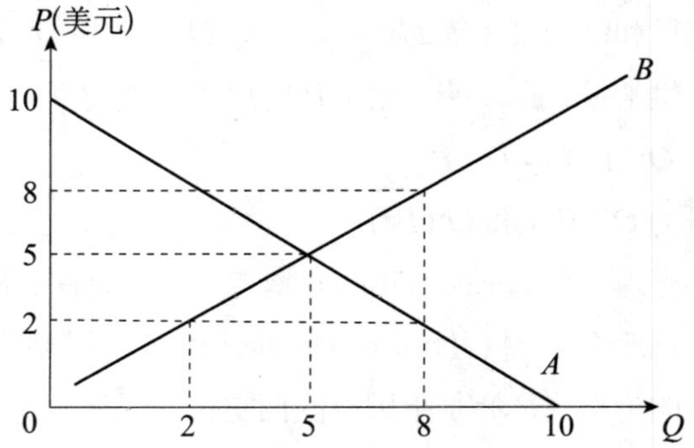

图 2－1

a. 曲线________是需求曲线。

b. 曲线________是供给曲线。

c. 均衡价格是________美元。

d. 均衡数量是________单位。

e. 在均衡点处，消费者剩余是________美元。

f. 在均衡点处，生产者剩余是________美元。

g. 2美元的最高限价将导致需求量变动________单位。

h. 2美元的最高限价将导致供给量变动________单位。

i. 2美元的最高限价将导致________单位的剩余或短缺。

j. 2美元的最高限价将导致完全经济价格为________美元。

k. 8美元的最低限价将导致需求量变动________单位。

l. 8美元的最低限价将导致供给量变动________单位。

m. 8美元的最低限价将导致________单位的剩余或短缺。

11. 图2-2表示花生市场，利用该图回答下列问题。

图2-2

a. 画出市场的均衡状态，标出均衡点 A。

b. 假设花生是劣等品，在图中表示出经济衰退期花生市场发生的变化(标出新的均衡点 B)。

c. 假设除了经济衰退，花生种植区遭受大面积枯萎病而歉收，在图中表示出由于衰退和歉收，花生均衡价格发生的变化。

技能题

1. 某公司产品的需求函数为：

$$Q_x^d = 12 - 3P_x - 4P_y + 1M + 2A_x$$

式中，A_x为产品X的广告费用；P_x为产品X的价格；P_y为产品Y的价格；M为收入。产品X单价为2美元，产品Y单价为1美元，公司对两种商品投入广告，消费者收入为10美元。

a. 消费者购买多少产品X?

b. 产品X和产品Y是替代品还是互补品?

c. 产品X是正常品还是劣等品?

d. 写出需求函数和反需求函数。

2. 产品X的供给函数为：

$$Q_x^s = 20 + 2P_x - P_w$$

式中，P_x为产品X的价格；P_w为每单位投入。产品X单价为4美元，其中投入价格为1美元。

a. 产品X生产了多少单位?

b. 写出供给函数和反供给函数。

3. 假定市场需求曲线和供给曲线的函数分别为$Q^d=20-3P$和$Q^s=P$。

a. 判断均衡价格。

b. 判断均衡数量。

4. 根据问题3给定的市场需求和供给函数，如果政府设定最高限价为2美元：

a. 计算由此导致的短缺数量。

b. 计算由此导致的全部经济价格。

5. 根据问题3给定的市场需求和供给函数，如果政府设定最低限价为6美元：

a. 计算由此导致的剩余数量。

b. 政府购买剩余的总成本是多少?

选择题和判断题

1. 供给法则表明，在其他条件不变的情况下（　　）。

a. 价格上升，供给增加

b. 价格上升，供给减少

c. 价格下降，供给量增加

d. 价格下降，供给量减少

2. 对于正常品而言，收入下降将会导致（　　）。

a. 需求曲线向上移动

b. 需求曲线向左平移

c. 需求曲线向右平移

d. 需求曲线向下移动

3. 如果产品 Y 是产品 X 的替代品，那么产品 X 价格上升将导致（　　）。

a. 产品 Y 需求减少

b. 产品 X 需求减少

c. 产品 X 需求增加

d. 产品 Y 需求增加

4. 以下可能是互补品的是（　　）。

a. 枪和黄油

b. 果冻和甘草糖

c. 牛排和鸡肉

d. 薯片和水

5. 对于教材出版商而言，纸张价格上涨将导致供给曲线（　　）。

a. 创造消费者剩余

b. 向左平移

c. 向右平移

d. 与价格线平行

6. 单位投入下降将导致供给曲线（　　）。

a. 向左平移

b. 向右平移

c. 以更高的价格与需求曲线相交

d. 逆时针旋转

7. 市场中允许的最高合法价格是（　　）。

a. 最高限价

b. 完全经济价格

c. 生产者剩余

d. 最低限价

8. 假定漫画书是劣等品，在经济繁荣期其价格和数量可能出现的变化是（　　）。

a. 价格会上升，数量会下降

b. 价格和数量都会上升

c. 价格和数量都会下降

d. 价格会下降，数量会上升

9. 以下不会引起需求变动的因素是（　　）。

a. 替代品价格

b. 消费者收入

c. 互补品价格

d. 商品价格

10. 生产者剩余是指（　　）。

a. 消费者从供应商得到的价值

b. 由于供应商打折消费者不用支付的价值

c. 消费者从商品获得的不用支付的价值

d. 以上都不对

11. 最低工资就是最低限价的实例。（　　）

12. 如果需求上升而供给下降，则均衡价格上升、均衡数量下降。（　　）

13. 如果需求和供给上升，则均衡价格和均衡数量上升。（　　）

14. 如果供给和需求都下降，则均衡数量下降。（　　）

15. 如果牛排是正常品，那么消费者收入增加将会导致牛排价格上升。（　　）

16. 最高限价令消费者以低价购买所想要的数量而受益。（　　）

17. 价格低于均衡价格导致短缺，高于均衡价格导致剩余。（　　）

18. 较高的电影票价格有可能减少需求，由此导致电影票更低的均衡价格水平。（　　）

第 3 章
定量需求分析

重要概念

1. 相对于变量 S，变量 G 的弹性记作 $E_{G,S}$，反映了变量 G 一定百分比的变化是由给定的变量 S 百分比的变化引起的。即

$$E_{G,S}=\frac{\%\Delta G}{\%\Delta S}$$

2. 假如某因变量 G 的变化取决于 S 的变化，两者函数关系式为 $G=f(S)$，那么 G 相对于 S 的弹性用微积分形式表示为：

$$E_{G,S}=\frac{\mathrm{d}G}{\mathrm{d}S}\frac{S}{G}$$

3. 商品 X 的需求价格弹性的定义如下：

$$E_{Q_x,P_x}=\frac{\%\Delta Q_x^d}{\%\Delta P_x}$$

4. 如果某商品需求价格弹性的绝对值大于 1，则称该商品的需求是富有弹性的：

$$|E_{Q_x,P_x}|>1$$

5. 如果某商品需求价格弹性的绝对值小于 1，则称该商品的需求是缺乏弹性的：

$$|E_{Q_x,P_x}|<1$$

6. 如果某商品需求价格弹性的绝对值等于 1，则称该商品的需求是单位弹性的：

$$|E_{Q_x,P_x}|=1$$

7. 如果产品富有价格弹性，产品价格上升（下降）将导致总收益减少（增加）。如果产品缺乏价格弹性，产品价格上升（下降）会导致总收益增加（减少）。当产品价格弹性为单位弹性时，总收益最大。

8. 如果需求价格弹性的绝对值无穷大，需求为完全弹性。

9. 如果需求价格弹性为零，需求为完全无弹性。

10. 商品 X 和商品 Y 之间需求的交叉价格弹性用公式表述为：

$$E_{Q_x,P_y}=\frac{\%\Delta Q_x^d}{\%\Delta P_y}$$

正（负）的交叉价格弹性表示商品X和商品Y是替代品（互补品）。

11. 假设某公司的收益来自两种产品——产品X和产品Y，该公司的收益为$R=R_x+R_y$，其中，$R_x=P_xQ_x$指来自产品X的销售收益；$R_y=P_yQ_y$指来自产品Y的销售收益。产品X的价格的微小变化对公司总收益的影响用以下公式表达：

$$\Delta R=[R_x(1+E_{Q_x,P_x})+R_yE_{Q_y,P_x}]\times\%\Delta P_x$$

12. 需求的收入弹性的数学表达式为：

$$E_{Q_x,M}=\frac{\%\Delta Q_x^d}{\%\Delta M}$$

正（负）的收入弹性表示商品X是正常品（劣等品）。

13. 对于线性需求函数

$$Q_x^d=\alpha_0+\alpha_x P_x+\alpha_y P_y+\alpha_M M+\alpha_H H$$

商品X的价格弹性为：

$$E_{Q_x,P_x}=\alpha_x\frac{P_x}{Q_x^d}$$

商品X和商品Y的交叉价格弹性为：

$$E_{Q_x,P_y}=\alpha_y\frac{P_y}{Q_x^d}$$

X商品的收入弹性为：

$$E_{Q_x,M}=\alpha_M\frac{M}{Q_x^d}$$

14. 对于对数线性需求函数

$$\ln Q_x^d=\beta_0+\beta_x\ln P_x+\beta_y\ln P_y+\beta_M\ln M+\beta_H\ln H$$

商品X的价格弹性为β_x。

商品X和商品Y的交叉价格弹性为β_y。

商品X的收入弹性为β_M。

变量H（可能是广告或其他变量）的需求弹性为β_H。

15. 假设一组数据：当某商品价格为P_1时，消费者购买Q_1单位；当该商品价格变为P_2时，消费者购买Q_2单位。其他因素不变，这些数据可以通过弧弹性公式来研究该商品的需求价格弹性：

$$E_{Q_x,P_x}^{Arc}=\frac{\Delta Q_x^d}{\Delta P_x}\times\frac{(P_1+P_2)/2}{(Q_1+Q_2)/2}$$

式中，$(Q_1+Q_2)/2$为平均数量Q；$(P_1+P_2)/2$为平均价格P。

16. 边际收益（marginal revenue，MR）是产出变化一单位引起的总收益变化。令E表示商品的需求价格弹性，边际收益与价格和弹性的关系如下：

$$MR=P\left(\frac{1+E}{E}\right)$$

17. 计量经济学是对经济现象进行统计分析的工具。运用电子表格程序比如 Excel 和 Lotus 等，管理者可进行简单的经济技术分析，包括回归分析等。

18. 假设两个变量 X 和 Y 之间存在一种真实关系：

$$Y = a + bX + e$$

式中，e 为一个均值为零的随机变量；对于 X 和 Y 的已知数据，在实际数值和直线估计值之间偏差平方和最小的情形下，最小方差直线拟合度最好。最小平方参数估值分别记作 $\hat{a}$ 和 $\hat{b}$。

19. 估计系数的标准差表明根据实际需求的不同观测值进行回归分析得出的估计系数的偏差程度。估计系数的标准差越小，说明根据不同实际需求数据计算的估计偏差越小。

20. 最小二乘参数估值在实际需求关系的误差均值为零时，是对实际需求参数的客观估计。

21. 如果 e_i 是相互独立且服从同一正态分布的随机变量，则系数估计的标准差可用来进行显著性检验。

22. 置信区间和 t 统计量用来测量估计参数的统计显著性。

23. 如果回归方程中参数估计量为 $\hat{a}$ 和 $\hat{b}$，则 a 和 b 真实值在 95%的置信区间可以分别近似表示为：

$$\hat{a} \pm 2\sigma_{\hat{a}}$$

和

$$\hat{b} \pm 2\sigma_{\hat{b}}$$

式中，$\sigma_{\hat{a}}$ 和 $\sigma_{\hat{b}}$ 分别为 $\hat{a}$ 和 $\hat{b}$ 的标准差。

24. 参数估计值的 t 统计量（t-statistic）指该参数估计值与其标准差的比率。假如参数估计值为 $\hat{a}$ 和 $\hat{b}$，其标准差分别为 $\sigma_{\hat{a}}$ 和 $\sigma_{\hat{b}}$，则 $\hat{a}$ 的 t 统计量为：

$$t_{\hat{a}} = \frac{\hat{a}}{\sigma_{\hat{a}}}$$

$\hat{b}$ 的 t 统计量为：

$$t_{\hat{b}} = \frac{\hat{b}}{\sigma_{\hat{b}}}$$

25. 当 t 统计量的绝对值大于 2 时，可认为回归公式中相关参数的真实值在 95%置信度上不等于零。

26. 大部分软件包给出的 P 值是准确测量统计显著性的工具。通常，P 值小于等于 0.05，即可判定系数估计值在统计上是显著的；P 值等于 0.05，即认为系数估计值在 5%的水平上统计显著。

27. R^2 和 F 统计量是两个衡量整条回归直线的拟合准确度的工具。

28. R^2（也称可决系数）揭示被解释变量的总体变动由回归所解释的程度。

29. R^2 的取值范围为 0～1，即

$$0 \leqslant R^2 \leqslant 1$$

R^2越接近1，说明估计回归方程对真实数据的总体拟合度“越好”，但绝不能简单地认为R^2接近1就是一个“好”的拟合。

30. 调整的R^2计算公式如下：

$$\bar{R}^2 = 1-(1-R^2)\frac{(n-1)}{(n-k)}$$

式中，n为观测值的个数；k为估计系数的个数。调整的R^2是对利用少量观测值估计多个系数进行回归的行为的“修订”。

31. 回归分析时待估计参数的个数不能超过观测值个数。$n-k$表示回归分析后的残差自由度。

32. 虽然回归分析中R^2与调整的R^2可用于度量回归总体拟合优度，但是对于R^2值必须多大才是“好”的拟合缺乏一个普遍性标准。衡量拟合优度的另一种方法是采用F统计量。

33. F统计量可以度量总变动幅度中能够被回归方程解释的部分相对于不能解释部分的比率。F统计量越大，回归直线的拟合度越好。

34. 回归技术也可用来估计多个变量的非线性关系。为了估计对数线性需求函数，计量经济学家在采用最小化误差平方和的回归方法之前先给出价格和数量的对数形式。

35. 回归技术可以解决多元回归问题——一个因变量对多个自变量的回归。

36. 一个提示：计量经济学在经济学中是一个非常专业的领域，需要经过多年的学习及大量的练习才能掌握。

问答题

1. 弹性和斜率一样吗？试解释。

2. 列举三个影响需求价格弹性大小的因素，并解释它们是如何影响弹性的。

3. 在图3-1中画出线性需求曲线，并回答相应的问题。

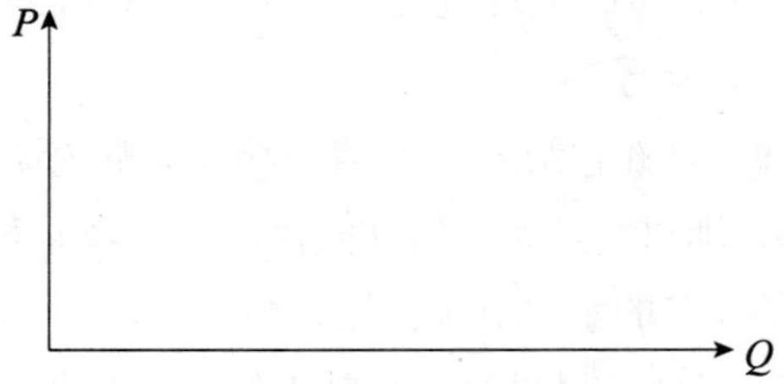

图3-1

a. 同一条线性需求曲线上的斜率相等还是不相等？

b. 同一条线性需求曲线上的需求价格弹性相等还是不相等？

c. 当需求曲线上的一点向下移动，需求变得更大还是更小？

4. 在图 3-2 中画出对数线性需求曲线，并回答下列问题。

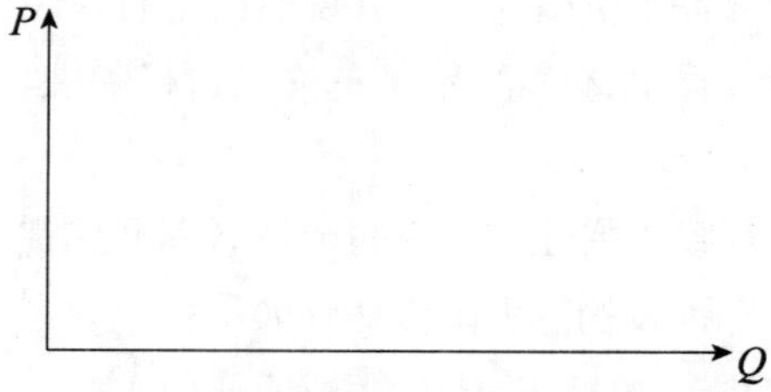

图 3-2

a. 同一条对数线性需求曲线上的斜率相等还是不相等？

b. 同一条对数线性需求曲线上的需求价格弹性相等还是不相等？

5. 简单陈述你从下列情形所得出的结论：

a. 百事可乐的需求价格弹性为－2。

b. 面包和饼干的交叉价格弹性为 4。

c. 打字机和电脑的交叉价格弹性为－3。

d. 纸张的收入弹性为 0.5。

e. 威士忌酒的收入弹性为－1.5。

f. IBM 电脑的广告弹性为 1。

6. 针对以下情形，说明商品 X 价格上升是否会使生产者总收益增加、减少或保持不变。

a. 商品 X 的需求价格弹性为－3。

b. 商品 X 的需求价格弹性为－1。

c. 商品 X 的需求价格弹性为－0.5。

7. 什么是最小二乘回归？

8. 假设计量经济学家估算了一个线性需求函数，发现估算的 P 值的一元回归系数是－2.0，参数估值的标准误差为 0.1，拟合度 R^2 为 6.2，而 F 统计量有一个 0.005 的 P 值。

a. 计算需求弹性的 t 统计量。

b. 在 95%的置信度上测算的估计弹性显著吗？请解释。

c. 在多大的置信区间内研究者可以取得回归的总体拟合？

技能题

1. 某公司的产品需求函数为：

$$Q_x^d = 10 - 2P_x - 4P_y + 2M$$

产品X的单位售价为1美元，产品Y的单位售价为2美元，消费者收入为10美元。

a. 计算需求价格弹性，并说明其富有弹性、缺乏弹性还是单位弹性。

b. 计算产品X和产品Y的交叉价格弹性，并说明X和Y互为替代品还是互补品。

c. 计算收入弹性，并说明产品X是正常品还是劣等品。

2. 假设产品X的需求函数估计如下：

$$\ln Q_x^d = 10 - 3\ln P_x - 2\ln P_y - 4\ln M$$

a. 怎么证明需求曲线是向下倾斜的？

b. 产品X的需求价格弹性是多少？

c. 产品X和产品Y的交差价格弹性是多少？

d. 产品X与产品Y互为替代品还是互补品？

e. 产品X的收入弹性是多少？

f. 产品X是正常品还是劣等品？

g. 如果收入增长5%，产品X的需求会发生什么变化？

h. 如果产品Y的价格下降1%，产品X的需求量会发生什么变化？

i. 如果产品X的价格上升2%，产品X的需求量会发生什么变化？

j. 如果产品X的生产商提高产品价格，其收益会有什么变化？

3. 你们的研究部门估计电影票的需求价格弹性是－2，如果电影票价格上升10%，那么公司已售电影票数量和电影票收入会有什么变化？

4. 你们的研究部门测算产品的广告需求弹性为－1.94，大家猜测老板可能降低利润和收入以增加10%的广告支出。这个想法明智吗？请解释。

5. 你们公司聘请的计量经济学家估算的需求函数为：

$$P = a + bQ + e$$

测得：$\hat{a}=10$；$\hat{b}=12$；$\sigma_{\hat{a}}=10$；$\sigma_{\hat{b}}=20$。

a. 计算a和b在95%置信区间的真实值。

b. 参数估计值的t统计量取值是什么？

c. 运用上面这个估计的需求函数对你作出管理决策有帮助吗？请解释。

6. 你们公司聘请的计量经济学家估计了公司的销售（S）和广告（A）的关系式

$$\ln S = a + b\ln A + e$$

测得：$\hat{a}=100$；$\hat{b}=1.52$；$\sigma_{\hat{a}}=10$；$\sigma_{\hat{b}}=0.2$，另外，R^2为0.82，F统计量在5%置信区间内显著。

a. 如果广告增加10%，公司的销售量会怎么变化？

b. 在95%的置信区间，广告的增加会提高公司的销售量吗？

c. 总的说来，对于咨询专家给出的分析结论你有多大的把握？为什么？

7. Fiberboard公司聘请了一位咨询师就公司纸板盒的需求做一个估计。咨询师收集了已售纸盒的数量和价格，以及消费者收入和广告支出等数据。咨询师计算了每个变量的对数，然后运用Excel估计了一个对数线性需求函数，回归分析的结果如下表：

回归统计

多元 R	0.92
R^2	0.84
调整的 R^2	0.80
标准误差	42.07
观测值个数	15.00

方差分析

	自由度	平方和	均方	F 统计量	F 显著性
回归	3.00	103 270.80	34 423.60	19.45	0.00
残差	11.00	19 472.62	1 770.24		
总计	14.00	122 743.42			

	系数	标准误差	t 统计量	P 值	95%下限	95%上限
截距	89.93	35.06	2.57	0.02	12.77	167.09
价格	−2.44	0.42	−5.84	0.00	−3.36	−1.52
收入	1.54	0.44	3.51	0.00	0.58	2.51
广告	0.27	0.16	1.74	0.10	−0.07	0.62

a. 基于以上估计，Fiberboard公司纸板盒的需求函数是什么？

b. 管理层正在考虑提高纸板盒的价格，基于估计的需求函数，纸板盒的价格提高10%会对销售量有什么影响？

c. 如果公司将纸板盒价格提高10%，公司的收益会增加还是减少？

8. 如果你是一家书店的老板，收益主要来自卖书和咖啡。在过去两年中，你平均每周卖咖啡的收入为500美元，卖书的收入为1 000美元。假定咖啡的需求价格弹性为−1.0，书和咖啡的交叉价格弹性为−1.8，如果你将咖啡的价格降低10%，你的收益会怎样变化？

选择题和判断题

1. 假定某产品的需求函数是 $\ln Q_x^d = 10 - 5\ln P_x$，则该产品（　　）。

a. 富有弹性

b. 缺乏弹性

c. 单位弹性

d. 无法确定

2. 假定啤酒价格上涨10%导致需求量下降10%，则啤酒的需求价格弹性为（　　）。

a. －10

b. 10

c. －1/2

d. －1

3. 如果需求完全弹性，则需求价格弹性的绝对值是（　　）。

a. 0

b. 1

c. 不确定

d. 以上都不对

4. 从长期看需求更富有弹性，因为消费者（　　）。

a. 有耐心

b. 有更充裕的时间寻找替代品

c. 在短期内花掉预算的大部分

d. 以上都不对

5. 假定番茄酱和芥末酱的价格交叉弹性为－4，那么芥末酱价格提高10%会导致（　　）。

a. 番茄酱需求量下降40%

b. 芥末酱需求量下降40%

c. 番茄酱需求量上升40%

d. 芥末酱需求量上升40%

6. 收入弹性为正，表明该产品是（　　）。

a. 正常品

b. 替代品

c. 劣等品

d. 缺乏弹性的产品

7. 对经济现象进行统计分析的人是指（　　）。

a. 计量经济学家

b. 经济学家

c. 统计经济学家

d. 计量统计学家

8. 由经验法则得知，参数估计值在统计上显著不为零，此时 t 统计量的绝对值（　　）。

a. 大于 2

b. 小于 2

c. 大于方差

d. 大于参数估计值的平方根

9. 由于变量 S 变化而改变的变量 G 测度的是（　　）。

a. G 的斜率

b. S 的斜率

c. 给定变量 S 的微小变化会引起变量 G 多大的变化

d. 变量 S 的变动幅度引起变量 G 的变动幅度

10. 假定需求价格弹性为－1，则有（　　）。

a. 需求缺乏弹性

b. 当产品 X 价格上升，总收益减少

c. 当产品 X 价格上升，总收益增加

d. 以上都不对

11. 假定小提琴的需求函数为 $Q_v = 145 - 100P_v + 20M$，我们可以得出（　　）。

a. 小提琴是劣等品

b. 小提琴的需求是富有弹性的

c. 小提琴的需求是缺乏弹性的

d. 以上都不对

12. 如果需求完全无弹性，那么需求的价格弹性的绝对值是不确定的。（　　）

13. 如果需求是完全弹性的，价格略涨就会导致产品一个也卖不出去。（　　）

14. 需求弹性在线性需求曲线上处处相等。（　　）

15. 饮料的需求弹性大于百事可乐的需求弹性。（　　）

16. 如果一个估计系数的 P 值为 0.01，那么 1%水平上的估计系数在统计上是显著的。（　　）

17. 如果厂商降低产品价格，那么总收益将减少。（　　）

18. 若产品 X 价格下降，线性需求曲线就会向下移动，需求变得更富有弹性。（　　）

19. 若口香糖的价格足够"低"，美国的消费者就会每年花费 20 亿美元买口香糖；若价格进一步下降，消费者每年的支出就会增长到 30 亿美元。这表明口香糖的需求曲线是向上倾斜的。（　　）

20. F 统计量在度量回归方程总体拟合度方面优于 R^2，因为 F 统计量的统计属性是明确的。（　　）

第4章 个体行为理论

重要概念

1. 消费者机会是指消费者有能力购买的产品和服务，消费者偏好决定了他会消费其中的哪些产品和服务。

2. 如果消费者对组合A和组合B的满意程度相同，表明他对组合A和组合B的偏好没有差异。用简化符号A～B表示。

3. 如果消费者认为组合A好于组合B，表明他对组合A的偏好大于组合B。用简化符号A≻B表示对于既定组合A和组合B，消费者选择组合A。

4. 无差异曲线（indifference curve）揭示了给消费者带来同等满足程度的商品X和商品Y的不同组合。对于无差异曲线上两种商品的任何组合，消费者偏好是无差异的。

5. 无差异曲线斜率的绝对值称作边际替代率（marginal rate of substitution，MRS）。两种商品的边际替代率就是消费者在满足程度不变的情况下，愿意用一种商品替代另一种商品的比率。

6. 消费者偏好顺序满足四个基本特征：完备性、越多越好、边际替代率递减及可传递性。

（1）完备性保证消费者有办法表达对所有商品组合的偏好。

（2）越多越好意味着在一个商品组合A中，如果一种商品的数量和组合B中的至少一样多，而另一些商品比组合B中的更多，那么消费者将更偏好组合A而不是组合B。

（3）边际替代率递减是指随着消费者获得更多的商品X，他愿意为多获得一单位商品X而放弃的商品Y的数量呈递减趋势。这将导致无差异曲线凸向原点。

（4）可传递性是指，假设任意三个商品组合A，B和C，如果A≻B，B≻C，那么对于A和C来说，应该有A≻C。同理，如果A～B，B～C，那么A～C。

7. 机会集也称预算集（budget set），描述的是对于既定收入（M）、X商品的价格（P_x）和 Y 商品的价格（P_y），消费者能够买得起的所有的商品组合。以算术公式表示为：

$$P_xX+P_yY\leqslant M$$

8. 预算线（budget line）指消费者花完全部收入可购买的所有的商品组合：

$$P_xX+P_yY=M$$

9. 预算线的斜率给定为$-P_x/P_y$，表示商品 X 和商品 Y 的市场替代率。

10. 收入增加将引起预算线向外平行移动。

11. 商品 X 价格的上升将引起预算线顺时针旋转。

12. 消费者均衡组合是消费者能够买得起的满足程度最大化的商品组合。

13. 如果价格和收入变化，会引起消费者效用最大化发生变化。

14. 如果商品 X 的价格上升（下降）导致商品 Y 的需求量增加（减少），说明商品 X 和商品 Y 互为替代品。

15. 如果商品 X 的价格上升（下降）导致商品 Y 的需求量减少（增加），说明商品 X 和商品 Y 为互补品。

16. 如果收入增加（减少）导致商品 X 的需求量增加（减少），说明商品 X 是正常品。

17. 如果收入增加（减少）导致商品 X 的需求量减少（增加），说明商品 X 是劣等品。

18. 价格上升带来的总效应包括替代效应和收入效应。替代效应表现为沿着同一条无差异曲线的移动，反映相对价格变化对消费的影响。收入效应导致预算线的平移，反映实际收入变化对消费的影响。

19. 对于商品 X，个体需求曲线显示了在其商品价格和收入不变时，消费者在效用最大化下以不同价格水平购买的商品 X 的数量。

20. 市场需求曲线是个体消费者需求曲线的水平叠加，描述在任一价格下市场上所有消费者可能购买的某种商品的总数量。

问答题

1. 下列几种情形违背了偏好的哪种特性？

a. 萨姆喜欢 1 磅牛排胜过 1 磅鸡肉，喜欢 1 磅鸡肉胜过 2 磅鸡肉。

b. 萨姆喜欢 1 磅牛排胜过 1 磅鸡肉，喜欢 1 磅鸡肉胜过 2 磅猪肉。

c. 萨姆的无差异曲线是这样：为了得到 1 磅鸡肉，他更愿意放弃 1 磅牛排，为了得到另外 1 磅鸡肉，他愿意放弃 2 磅牛排。

d. 萨姆不确定他到底是喜欢 1 磅鸡肉还是 1 磅牛排。

e. 萨姆不太在意他是得到 1 磅牛排还是 1 磅鸡肉。

f. 萨姆更愿意得到1磅牛排而不是1磅鸡肉，更愿意得到1磅鸡肉而不是2磅牛排，更愿意得到2磅猪肉而不是2磅牛排。

2. 假定产品X的价格是3美元，产品Y的价格是5美元，消费者的收入是30美元。

a. 预算约束线的公式是什么？

b. 写出预算约束线的斜截式。

c. 最多可以购买多少产品X？

d. 预算线的斜率是多少？

e. 在图4-1中画出预算约束线。

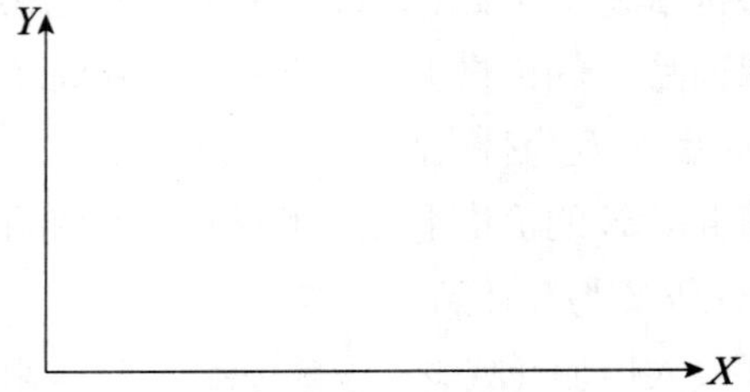

图4-1

3. 图4-2表示的是100美元收入条件下的预算约束线和无差异曲线，根据该图信息回答下列问题。

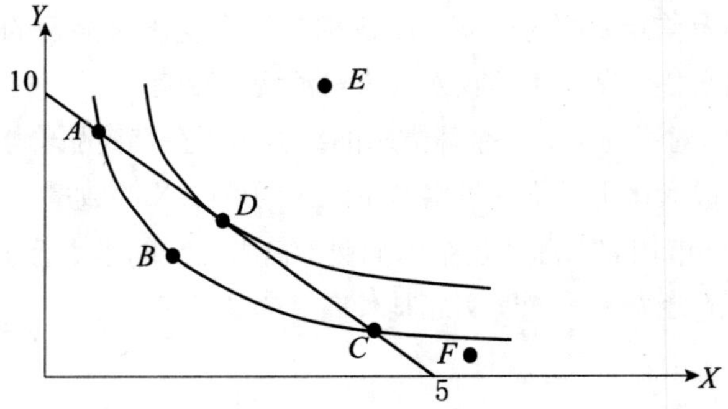

图4-2

a. 产品Y的价格是多少？

b. 产品X的价格是多少？

c. 市场替代率是多少？

d. *D*点的边际替代率是多少？

e. 消费者更偏好哪一个，组合A还是组合B？

f. 消费者更偏好哪一个，组合D还是组合E？

g. 消费者更偏好哪一个，组合F还是组合B？

h. 消费者买得组合E吗？

i. 哪个点表示消费者均衡？

4. 利用图 4 - 3 回答下列问题。

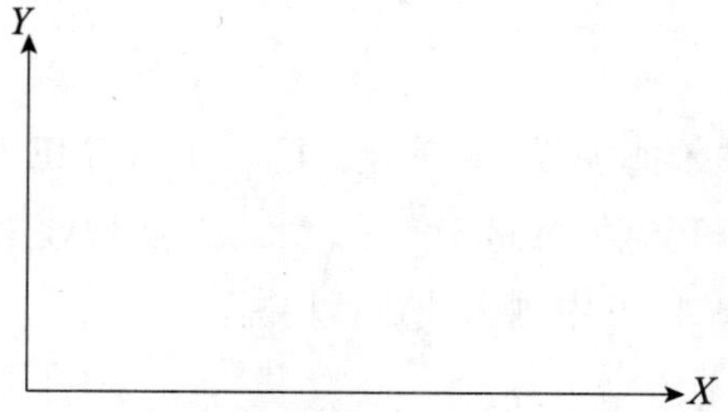

图 4 - 3

a. 假定产品 X 的价格为 5 美元，产品 Y 的价格也为 5 美元，消费者收入为 10 美元。在图中画出预算约束线。

b. 假定产品 X 价格上涨到 10 美元，产品 Y 价格不变。在图中画出新的预算约束线。

c. 假定产品 X 和产品 Y 价格不变，消费者收入上升到 15 美元。在图中画出新的预算约束线。

5. 假定产品 X 和产品 Y 是替代品，利用图 4 - 4 表示随产品 X 价格下降，消费者均衡是如何变化的。

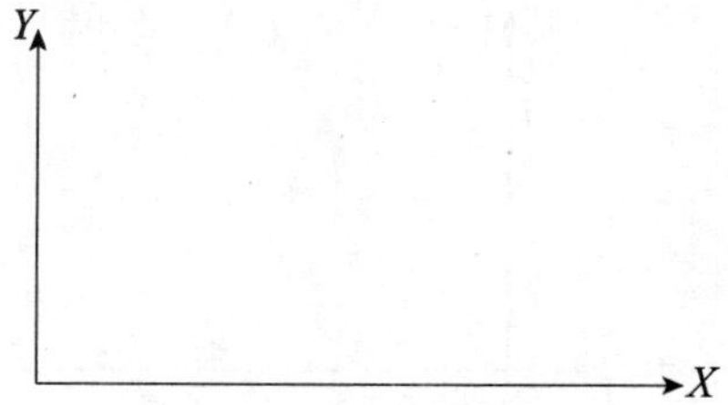

图 4 - 4

6. 假定产品 X 是正常品，产品 Y 是劣等品。利用图 4 - 5 表示随收入增加，消费者均衡是如何变化的。

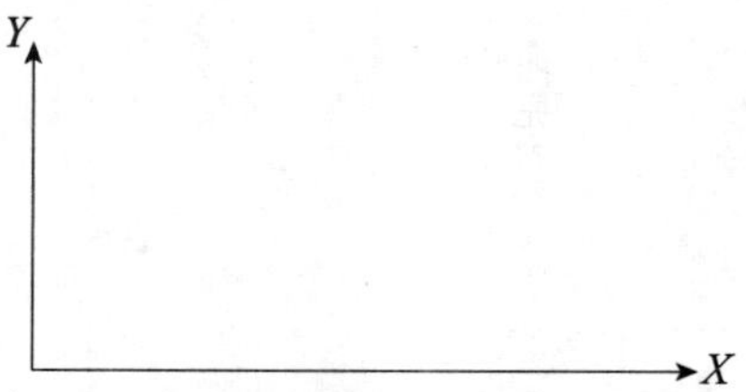

图 4 - 5

技能题

1. 米歇尔的收入为10美元，可以在ACME糖果店买果冻或巧克力。果冻每磅1美元，巧克力每磅5美元。米歇尔实现效用最大化就是买5磅果冻和1磅巧克力。在图4-6中画出消费者均衡。

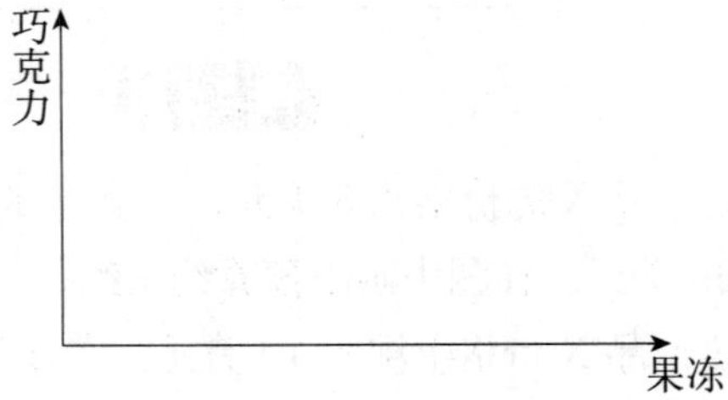

图4-6

2. 假定问题1中的ACME糖果店推出巧克力“买一赠一”活动。

a. 在图4-7中画出米歇尔在这种优惠活动中的预算约束线，米歇尔的收入和商品价格与问题1相同。

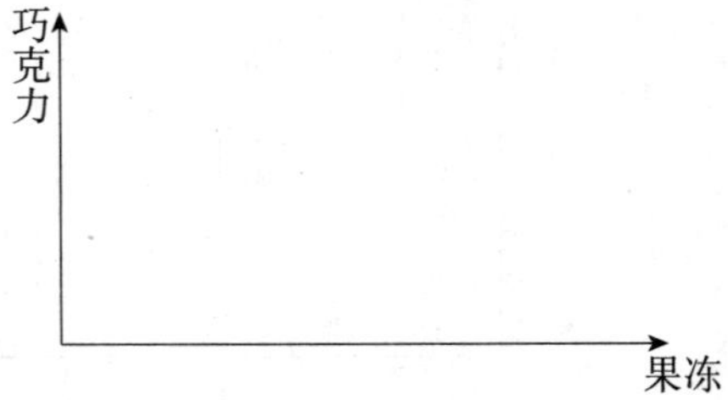

图4-7

b. 在“买一赠一”活动中，米歇尔能买到5磅以上的果冻吗？在图4-8中给出解释。

图4-8

3. 苏茜和琼的偏好和收入完全不同，但是两个人在同一家百货店购物。上周琼买了10美元的蔬菜和5美元的肉，苏茜买了5美元的蔬菜和30美元的肉。与琼相比，苏茜的蔬菜和肉之间的边际替代率哪一个更符合实际？

4. 乔刚买了4单位的产品X和3单位的产品Y。利用图4-9表示在产品Y的价格下降后，乔购买的产品的变化。

图4-9

5. 根据图4-10回答下列问题。

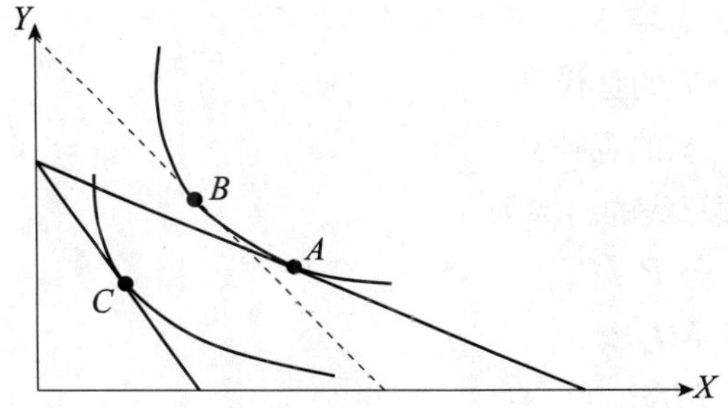

图4-10

a. 产品X是正常品还是劣等品？

b. 产品Y是正常品还是劣等品？

c. A点到B点的移动称为________效应。

d. B点到C点的移动称为________效应。

选择题和判断题

1. 财产“越多越好”说明（　　）。

a. 无差异曲线不相切

b. 无差异曲线距离原点越远获得的满足程度越高

c. 消费者可以对两个产品组合进行排序

d. 以上都不对

2. 下列表述不正确的是（　　）。

a. 无差异曲线大体上是直线

b. 在消费者均衡点处，边际替代率等于1

c. 如果收入增加，消费者通常会少增加一种商品的消费

d. 以上都不对

3. 在标准的 $X-Y$ 曲线图上，商品X的价格下降对预算约束线产生的影响是（　　）。

a. 预算线平行外移

b. 纵截距增大

c. 横截距减小

d. 以上都不对

4. 如果商品X和商品Y的价格都上涨两倍，消费者会减少消费的商品是（　　）。

a. 正常品

b. 劣等品

c. Y的替代品

d. Y的互补品

5. 预算线的斜率为（　　）。

a. $-P_x/P_y$

b. M/ P_y

c. M/P_y

d. $-P_y/ P_x$

6. 标记为A≻B意味着（　　）。

a. 组合A比组合B有更多商品

b. 组合A优于组合B

c. 消费者对组合A和组合B的偏好没有差异

d. 组合B优于组合A

7. 沿着同一条无差异曲线，边际替代率（　　）。

a. 不随消费更多产品Y而变化

b. 随着消费更多产品X而变大

c. 随着消费更多产品X而变小

d. 随着消费更多产品Y而变小

8. 在消费者决策过程中，可以排除无穷循环的是（　　）。

a. 消费者主权

b. 越多越好

c. 边际替代率递减

d. 可传递性

9. 无差异曲线斜率的绝对值表示（ ）。

a. 边际替代率

b. 市场替代率

c. 预算替代率

d. 机会替代率

10. 由于其他因素导致产品价格下降，消费者的实际收入（ ）。

a. 不变

b. 增加

c. 减少

d. 可能增加，也可能减少，取决于产品是正常品还是劣等品

11. 假定一个市场只有两种产品 X 和 Y，如果产品 X 是劣等品，那么消费者收入增加不会导致（ ）。

a. 产品 Y 的需求减少

b. 产品 X 的需求减少

c. 产品 Y 的需求增加

d. 消费者改善

12. 如果货币收入增加两倍，所有产品的价格也上涨两倍，那么消费者状况会因为通货膨胀而恶化。 （ ）

13. 收入增加会引起对所有商品的消费增加。 （ ）

14. 产品 X 价格上涨带来的收入效应与消费的每一种产品价格变化带来的影响无关。 （ ）

15. 产品 X 价格越高，处于均衡状态的消费者边际替代率越大。 （ ）

16. “越多越好”的消费财富观更倾向于说明无差异曲线不能向上倾斜。 （ ）

17. 边际替代率下降表明无差异曲线是凸向原点的。 （ ）

第5章
生产过程与生产成本

重要概念

1. 生产函数的公式为$Q=F(K, L)$，是充分利用资本K和劳动L实现最大产量的“秘笈”。

2. 可变生产要素（variable factors of production）是管理者可以调整的投入要素；固定生产要素（fixed factors of production）是管理者无法调整的投入要素。

3. 平均产量（average product，AP）是总产量除以投入数量，劳动的平均产量为：

$$AP_L=\frac{Q}{L}$$

资本的平均产量为：

$$AP_K=\frac{Q}{K}$$

4. 边际产量（marginal product，MP）是指最后一单位投入所带来的总产量的变化量。资本的边际产量是总产量的变化量除以资本的变化量：

$$MP_K=\frac{\Delta Q}{\Delta K}$$

劳动的边际产量是总产量的变化量除以劳动的变化量：

$$MP_L=\frac{\Delta Q}{\Delta L}$$

5. 通常随着一种投入要素的增加，边际产量最初增加（边际报酬递增），然后开始减少（边际报酬递减），最终变为负值（边际报酬为负）。

6. 边际产量价值（value marginal product）就是最后一单位投入所生产出来的产品的价值。假如每单位产品的售价为P，则劳动的边际产量价值为：

$$VMP_L=P\times MP_L$$

资本的边际产量价值为：

$$VMP_K=P\times MP_K$$

7. 为了实现利润最大化，投入要素的数量应保证边际利润等于边际成本，具体来说，若每增加一单位劳动的成本为 w，管理者应该继续投入劳动直到 $VMP_L=w$，该值处于边际产量递减阶段。

8. 线性生产函数为：

$$Q=F(K,L)=aK+bL$$

9. 里昂惕夫（固定比例）生产函数为：

$$Q=F(K,L)=\min\{aK,bL\}$$

10. 柯布-道格拉斯生产函数为：

$$Q=F(K,L)=K^a L^b$$

11. 如果线性生产函数为：

$$Q=F(K,L)=aK+bL$$

则有 $$MP_K=a$$

和

$$MP_L=b$$

12. 如果生产函数是柯布-道格拉斯生产函数，记作：

$$Q=F(K,L)=K^a L^b$$

则有 $$MP_L=bK^aL^{b-1}$$

$$MP_K=aK^{a-1}L^b$$

13. 等产量线（isoquant）指能够生产出相同数量产品的各种投入（K 和 L）的组合，也就是等产量线上资本和劳动的所有组合能产出相同数量的产品。

14. 边际技术替代率（marginal rate of technical substitution，MRTS）是指在保持相同产量水平时的两种投入要素可以互相替代的比率。$MRTS$ 是等产量线斜率的绝对值，也是边际产量的比率。

$$MRTS_{KL}=\frac{MP_L}{MP_K}$$

15. 生产函数满足边际技术替代率递减规律，为了保证产量不变，随着一种投入要素的使用量减少，另一种投入要素的使用量将增加。

16. 等成本线（isocost line）表示生产成本相同的情况下，资本和劳动两种投入要素的不同组合。

17. 给定投入要素的价格，离原点越远的等成本线所代表的成本越高。投入要素价格的变化会改变等成本线的斜率。

18. 给定产量水平下，要实现成本最小化，所有投入要素的单位价格带来的边际产量应该相等：

$$\frac{MP_L}{w}=\frac{MP_K}{r}$$

同样，为了使成本最小化，投入要素的边际技术替代率等于投入要素价格的比率：

$$\frac{MP_L}{MP_K}=\frac{w}{r}$$

19. 为了使给定产量下的成本最小化，当某种投入要素价格上升时，厂商应该减少该投入要素的使用量而增加其他投入要素的使用量。

20. 固定成本（fixed costs）记为 FC，是指不随产量变化而变化的成本，即生产过程中的固定投入。

21. 变动成本（variable costs）记作 $VC(Q)$，是指随产量变化而变化的成本，即生产过程中的可变投入。

22. 存在固定投入要素时，短期成本函数就是当可变要素以成本最小化方式使用时，各种产量水平对应的最小可能成本。

23. 平均固定成本（average fixed cost，AFC）就是固定成本除以产量：

$$AFC=\frac{FC}{Q}$$

24. 平均变动成本（average variable cost，AVC）就是变动成本除以产量：

$$AVC=\frac{VC(Q)}{Q}$$

25. 平均总成本（average total cost，ATC）就是总成本除以总产量：

$$ATC=\frac{C(Q)}{Q}$$

26. 边际成本（marginal cost，MC）就是最后一单位产量带来的成本变化量：

$$MC=\frac{\Delta C}{\Delta Q}$$

27. 沉没成本（sunk cost）是指一旦支付就永远损失的成本，与决策无关，所以不会影响最终盈利状况。

28. 三次成本函数为 $C(Q)=f+aQ+bQ^2+cQ^3$，式中，a，b，c 和 f 均为常数。

29. 对于三次成本函数 $C(Q)=f+aQ+bQ^2+cQ^3$，边际成本函数为 $MC(Q)=a+2bQ+3cQ^2$。

30. 长期平均成本曲线描述了当可以对所有生产要素（包括固定要素和可变要素）进行优化选择时，生产不同产量产品的最低平均成本。

31. 规模经济存在于随着产量增加长期平均成本下降的时期。规模不经济存在于随着产量增加长期平均成本上升的时期。固定规模收益存在于随着产量增加长期平均成本保持不变的时期。

32. 多产品成本函数记作 $C(Q_1, Q_2)$，描述了所有投入要素均被有效使用条件下生产 Q_1 单位产品 1 和 Q_2 单位产品 2 的成本。

33. 范围经济仅存在于两种产品联合生产的总成本低于分别生产的总成本时：

$$C(Q_1,0)+C(0,Q_2)>C(Q_1,Q_2)$$

34. 假设一个多产品厂商的成本函数为 $C(Q_1,Q_2)$，$MC(Q_1,Q_2)$ 是生产第一种产品的边际成本，如果

$$\frac{\Delta MC_1(Q_1,Q_2)}{\Delta Q_2}<0$$

则存在成本互补，因为第二种产品产量的增加降低了第一种产品的边际成本。

35. 对于多产品成本函数 $C(Q_1,Q_2)=f+aQ_1Q_2+(Q_1)^2+(Q_2)^2$，相应的边际成本函数为：

$$MC_1(Q_1,Q_2)=aQ_2+2Q_1$$

和

$$MC_2(Q_1,Q_2)=aQ_1+2Q_2$$

36. 对于多产品成本函数

$$C(Q_1,Q_2)=f+aQ_1Q_2+(Q_1)^2+(Q_2)^2$$

(a) 当 $a<0$ 时，存在成本互补。

(b) 当 $f-aQ_1Q_2>0$ 时，存在范围经济。

37. 范围经济和成本互补中的并购有时会导致成本的协同降低。

问答题

1. 完成下表：

K	**L**	**Q**	$\frac{\Delta Q}{\Delta L}=MP_L$	$\frac{Q}{L}=AP_L$
2	0	0	—	—
2	1	50		
2	2	150		
2	3	210		
2	4	240		
2	5	240		
2	6	210		

2. 对于线性生产函数 $Q=2K+16L$：

a. 当厂商投入 3 单位资本、4 单位劳动时，资本的边际产量是多少？

b. 当厂商投入 3 单位资本、4 单位劳动时，劳动的边际产量是多少？

3. 对于里昂惕夫生产函数 $Q=\min\{2K,16L\}$：

a. 当厂商投入 100 单位资本、0 单位劳动时，产量是多少？

b. 当厂商投入 3 单位资本、4 单位劳动时，资本的平均产量是多少？

4. 对于柯布-道格拉斯生产函数 $Q=K^{0.5}L^{0.5}$：

a. 当厂商投入 25 单位资本、10 000 单位劳动时，资本的边际产量是多少？

b. 当厂商投入 25 单位资本、10 000 单位劳动时，资本的平均产量是多少？

5. 根据图 5-1 回答下列问题。

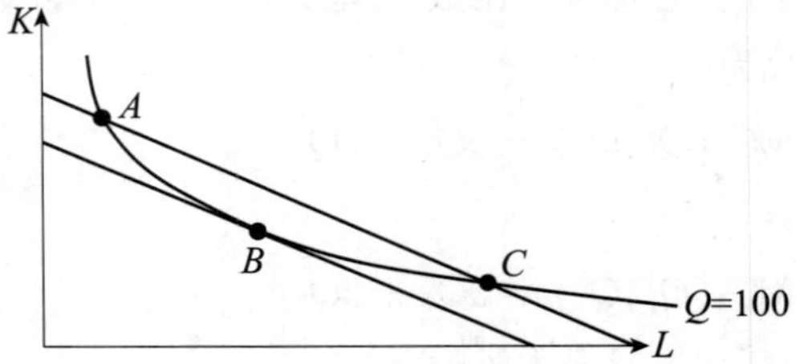

图 5-1

a. 如果厂商预定的产量为 100，哪个点是成本最小化的资本和劳动的组合？

b. 假设在点 B 处，$MP_L=6$，$MP_K=2$，如果厂商增加 1 单位资本和 3 单位劳动的使用量，厂商的成本会发生什么变化？

6. 假设厂商的成本函数为 $C(Q)=100+Q+2Q^2+3Q^3$。

a. 厂商的固定成本是多少？

b. 当产量是 2 单位时，厂商的变动成本是多少？

c. 当产量是 2 单位时，厂商的总成本是多少？

d. 问题 c 的答案和问题 a、问题 b 的答案之间是什么关系？

e. 计算 2 单位产量时的边际成本。

f. 计算 2 单位产量时的平均变动成本。

g. 计算 2 单位产量时的平均固定成本。

h. 计算 2 单位产量时的平均总成本。

i. 平均总产量曲线的最低点出现在产量大于还是小于 2 单位处？

技能题

1. 某厂商生产的产品售价为 100 美元，生产函数为：

$$Q=F(K,L)=K^{1/2}L^{1/2}$$

a. 如果短期内资本的固定投入是 25 美元，工资水平是 250 美元，为了实现利润最大化，厂商应该雇用多少单位的劳动？

b. 如果每单位产量的资本成本为 1 美元，厂商的总成本是多少？

2. 汽车生产厂投入 5 个工人和 200 台设备进行生产。最后一名工人带来的边际产量是每天 2 辆；最后一台设备带来的边际产量是每天 400 辆。工人每天的报酬是 100 美元，每台设备每天的租金是 300 美元。

a. 给工人支付的每一美元带来的边际产量是多少？

b. 租赁设备所支付的每一美元带来的边际产量是多少？

c. 汽车生产厂所投入的工人和设备是成本最小化的做法吗？

3. 为了参加生物学课程的学习，你必须支付 1 000 美元不可退还的学费。此外，你必须从书店购买 200 美元的图书。你每次去上课会花 2 美元的公交费。在学期末，书店会花 100 美元买回你的书。

a. 学习生物学课程的固定成本是多少？

b. 学习生物学课程的可变成本是多少？

d. 学习生物学课程的沉没成本是多少？

4. 假设生产函数为 $Q=K+2L$。

a. 在图 5-2 中画出产量为 4 单位的等产量线。

b. 等产量线的斜率是多少？

c. 如果劳动的价格是每小时 2 美元，资本的租金是每小时 2 美元，那么应该使用多少资本和劳动使生产成本最小化？在图上示意。

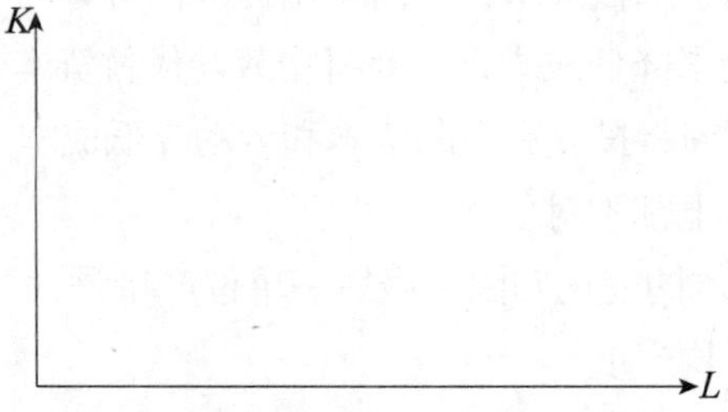

图 5-2

5. 假设成本函数是 $C(Q)=2Q$，在图 5-3 中画出边际成本曲线、平均总成本曲线和平均变动成本曲线。

图 5-3

选择题和判断题

1. 假设生产函数为 $Q=3K+14L$。当投入 9 单位资本和 6 单位劳动时，劳动的边际产量是（　　）。

a. 3

b. 6

c. 9

d. 14

2. 假设生产函数为 $Q=3K+4L$。当投入 2 单位资本和 0 单位劳动时，资本的平均产量是（　　）。

a. 2

b. 3

c. 6

d. 以上都不对

3. 如果某厂商的生产函数是里昂惕夫生产函数，并且工资率上升，则（　　）。

a. 为了降低成本，厂商将用资本代替劳动

b. 为了降低成本，厂商将用劳动代替资本

c. 厂商将投入更多的资本和劳动降低成本

d. 以上都不对

4. 总成本的变化归因于最后一单位产量是（　　）。

a. 平均产量

b. 边际产量

c. 边际成本

d. 平均成本

5. 改变劳动的使用量是有利的，如果（　　）。

a. 劳动的边际产量价值小于工资率

b. 劳动的边际产量价值大于工资率

c. a 和 b

d. 以上都不对

6. 如果工资率是 3 美元，资本价格是 4 美元，可以知道等产量线斜率在成本最小化点上的绝对值等于（　　）。

a. 3/4

b. 4/3

c. 资本与劳动的比率

d. b 和 c

7. 工资率上升导致（　　）。

a. 等产量线变陡

b. 等产量线变平

c. 等成本线变陡

d. 等成本线变平

8. 一旦支付就永远损失的费用称为（　　）。

a. 可变成本

b. 固定成本

c. 沉没成本

d. 以上都不对

9. 边际成本曲线与下列曲线中（　　）的最小点相交。

a. 平均总成本曲线

b. 平均固定成本曲线

c. 平均产量曲线

d. 以上全都对

e. 仅 a 和 c

10. 长期平均总成本曲线描述对所有生产变量进行优化选择时，生产不同产量产品的最低平均成本。（　　）

11. 短期是指固定生产要素的时间框架。（　　）

12. 只要边际产品增加，边际产品大于平均产品。（　　）

13. 投入的边际产品的值是投入的平均乘积的值。（　　）

14. 生产函数意味着，为了最小化成本，企业在其价格上涨时将使用较少的投入。（　　）

15. 柯布-道格拉斯生产函数的劳动边际产量是不变的，也就是说，随着资本和劳动水平的不同而变化。（　　）

16. 线性生产函数表现出等量的技术替代的恒定边际率。（　　）

17. 在柯布-道格拉斯生产函数中，资本价格的增加会导致成本最小化的企业使用较少的资本和更多的劳动。（　　）

18. 边际成本曲线与 ATC 和 AVC 曲线的最小点相交。（　　）

19. 当一种产品的产出增加导致另一种产品的边际成本下降时，在多产品设置中存在成本互补。（　　）

20. 当两家公司独立生产的两种产品之间存在范围经济时，合并成一家公司可以降低成本。（　　）

第6章 企业组织

重要概念

1. 管理者有三种获取投入品的基本方式：现货交易、合同或纵向一体化。

2. 现货交易发生在买卖双方见面、交易、随后离开的过程中。

3. 合同（contract）是一份法律文件，它明确了双方在特定时期（比如3年）内进行交易的条款，使交易双方建立起一种长期关系。

4. 纵向一体化（vertical integration）是指厂商跳过供应商选择内部自行生产的方式。

5. 最优投入采购取决于不同获取投入品的方式的交易成本。

6. 获取投入品的交易成本涉及确定投入品供应商、价格谈判以及投入品使用过程中的费用等。具体包括：

(1) 搜寻既定投入品供应商的成本。

(2) 谈判投入品价格的成本，比如所投入时间的机会成本、法律费用等。

(3) 推动交易进行的相关投资或支出等。

7. 专用性投资（specialized investment，也称专用投资）是指针对某项特定交易进行的投资，这些投资对其他交易毫无价值。具体的例子如地点专用性、实物资产专用性和专用性资产等。

8. 地点专用性发生于买卖双方为了开展交易必须将工厂选址在临近地点之时。

9. 实物资产专用性指机器设备的设计是用来满足特定买方所需投入品，不能生产其他买方所需投入品的情形。

10. 专用性资产是企业为了同某特定买方进行交易而作出的一般性投资。

11. 专用性投资之所以提高了交易成本，是因为它们会引发：(1) 高议价成本；(2) 投资不足；(3) 机会主义。

12. 关系专用性交易发生于交易双方确定进行专用性投资之时。

13. 如果要获取投入品必须进行专用性投资，买卖双方就有条件利用专用性投资的“沉没”特性进行机会主义投机。这种情况也叫作“敲竹杠”。

14. 完善的合同可以消除敲竹杠问题，但是有时拟定合同的成本也很高。

15. 合同若没有列出各种可能性下的交易条款，就是不完备的。

16. 当合同双方之间的专用性投资增加时，最优合同期限也将随之延长。

17. 合同环境的复杂性降低会使合同最优期限延长。

18. 当企业所采购投入品不涉及专用性投资时，企业完全可以选择现货交易方式，而且不用担心机会主义和议价成本。

19. 通过现货交易，企业可以专注于其最擅长的业务，不需要在签订合同或者纵向一体化上消耗大量的资源。

问答题

1. 判断下列交易涉及的是现货交易、合同还是纵向一体化。
   a. 乔是 Bigtime State 的一位新人，他从学生书店买了一本经济类教材。
   b. Publishers 有限公司按照合同规定从一家大公司下属的造纸厂购买一定量的纸张。
   c. 乔·史密斯从当地一家计算机商店购买了一盒软盘。
   d. Hefty 肉类加工厂宰杀了自己牧场饲养的牲畜并且就地销售。

2. 判断下列各种情形在获取投入品的现货交易、合同或纵向一体化等方式上是否最优。
   a. 没有交易成本。
   b. 没有专用性投资。
   c. 有明显的开展交易的专用性投资，而且拟定合同的成本极高。

3. 假设有明显的开展交易的专用性投资，而且有明显的专用性收益，即可能相对容易明确未来的事情。你会采取什么方式获取投入品？为什么？

4. 围绕管理者与员工之间的委托-代理问题，列举下列方法的主要优点。
   a. 收益共享。
   b. 出勤记录。
   c. 计件工资。

5. 围绕管理者与员工之间的委托-代理问题，列举下列方法的主要缺点。
   a. 收益共享。
   b. 出勤记录。
   c. 计件工资。

技能题

1. Amacon 是一家自行车生产商，每个月生产约 5 000 辆自行车。为了满足生产需求，在每个月最后一个星期四，Amacon 需要它的装配厂供应 10 000 只橡胶轮胎。

a. 通过现货交易获取轮胎的利和弊分别是什么？

b. 通过合同获取轮胎的利和弊分别是什么？

c. 通过纵向一体化获取轮胎的利和弊分别是什么？

d. 如果你是 Amacon 的管理者，你会用什么方式获取轮胎？

2. 作为自然人股东，对你的福利而言，管理层薪酬的结构也许比金额（至少在一定限度内）更重要，为什么？

3. 根据图 6－1 回答下列问题。

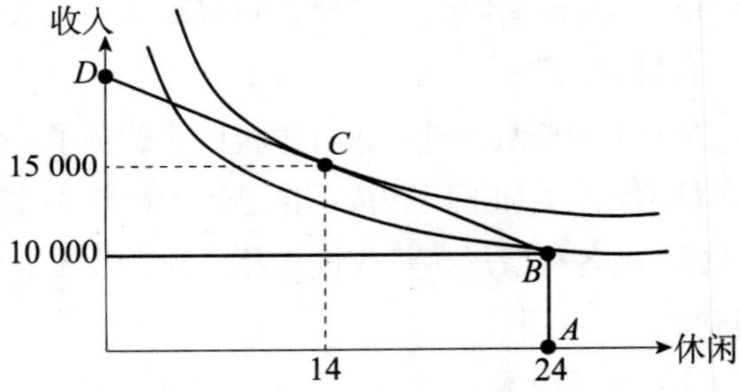

图 6－1

a. 如果一名管理者的固定薪酬为 10 000 美元，那么他一天 24 小时有多少时间用于休闲？

b. 当管理者的薪酬是 10 000 美元加公司利润的 10%时，预算线是 $ABCD$，该管理者会把一天 24 小时中的多少时间用于工作？

c. 该管理者倾向于 10 万美元薪酬加 24 小时休闲，还是 15 万美元薪酬加 14 小时休闲？

4. a. 作者应该为其作品支付版税，你认为原因是什么？

b. 这种报酬制度有何缺点？

5. 一名管理者每天获得 100 美元的基本工资，以及公司利润的 5%。他每天工作 8 小时，其中几个小时用于管理，公司的利润为 1 000 美元。在图 6－2 中画出该管理者的机会集合，并标识出他一天工作 7 小时的均衡情形，同时说明他每天获得的收入。

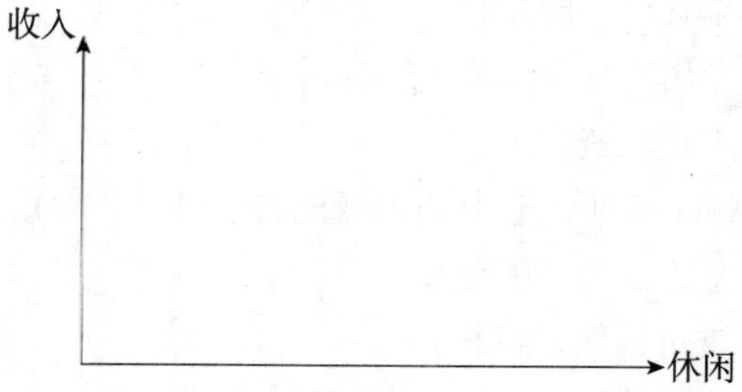

图6-2

选择题和判断题

1. 对于不能监督员工的管理者而言，必须采取激励或奖励政策，以确保（　　）。

a. 管理者更加努力工作

b. 员工按照管理者的意愿工作

c. 所有者努力工作

d. 公司获得正的经济利润

2. 以下属于避免机会主义的手段的是（　　）。

a. 合同

b. 现货交易

c. 纵向一体化

d. a 和 c

3. 当关系专用性交易在简单的合同环境中发生时，获取投入品的最佳方式是（　　）。

a. 现货市场

b. 纵向一体化

c. 短期代理协议

d. 以上都不是

4. 现货交易有效的前提是不存在（　　）。

a. 交易成本

b. 复杂的合同环境

c. 现场检查

d. 以上都不对

5. 创建一家所有权与经营权相分离的公司的缺点是（　　）。

a. 敲竹杠问题

b. 委托-代理问题

c. 专用性投资问题

d. 专用性资产

6. 出版商应对委托-代理问题的方法是（　　）。

a. 签约公司专用作者

b. 支付管理者高薪

c. 聘用最好的员工

d. 实施收益共享方案补偿作者

7. 下列方法中能对管理者提供有效激励的是（　　）。

a. 资产专用性

b. 专用性资产

c. 继任者威胁

d. 以上都是

8. 涉及利润共享的一个工作实例是（　　）。

a. 餐饮服务员

b. 汽车销售人员

c. 保险代理人

d. 以上都不是

9. 计件工资薪酬方案的主要优点是（　　）。

a. 激励员工增加产量

b. 激励员工生产高质量的产品

c. 很容易在生产过程中执行

d. 以上都不对

10. 以下报酬机制中通过奖励没有效果的是（　　）。

a. 计件工资

b. 现场检查

c. 收益共享

d. 利润共享

11. 交易成本发生于专用性投资重要之时。（　　）

12. 委托-代理问题是指代理人目标总是和委托人不一致的情况。（　　）

13. 当专用性投资不重要时，纵向一体化是一种有效的获取投入品的途径。（　　）

14. 现货交易发生于买卖双方以合同价格进行商品交易的市场。（　　）

15. 长期合同减少了机会主义行为。（　　）

16. 关系专用性交易使得现货交易成为最好的获取投入品的方式。（　　）

17. 取决于公司利润的管理者报酬机制，使得公司利润减少、社会福利提

高。（　　）

18. 以收益为基础的激励模式存在的问题是通常无法提供利润最大化的激励。（　　）

19. 现场检查有效果，是因为惩罚的威胁。（　　）

第 7 章 行业的性质

重要概念

1. 市场结构（market structure）的影响因素很多，比如市场中的企业数量、企业的相对规模（集中度）、技术和成本状况、需求规模及企业进入或退出行业的难易程度。

2. 集中度比率度量行业的总产出中有多少产量是由最大几家企业提供的。

3. 令 S_1，S_2，S_3和 S_4分别代表行业中规模最大的四家企业的销售额，用 S_T表示该行业中所有企业的销售总额，则前四家企业集中度比率为：

$$CR_4 = \frac{S_1 + S_2 + S_3 + S_4}{S_T}$$

4. 前四家企业集中度比率很小或接近 0，说明行业的集中度越低；该比率越接近 1，说明行业集中度越高。

5. 前四家企业集中度比率接近 0，说明市场中有很多卖方，为了争夺消费者，生产者之间存在激烈竞争；前四家企业集中度比率接近 1，说明生产商在消费者方面的竞争很小。

6. 假设企业 i 在总市场销售额中所占比重为$w_i = S_i / S_T$，其中，S_i是企业 i 的销售额，S_T是行业总销售额，则赫芬达尔-海希曼指数（HHI）为：

$$HHI = 10\ 000 \sum w_i^2$$

7. HHI 取值在 0～10 000 之间。如果行业内只有一家企业（市场份额为 100%），HHI 为 10 000；如果行业中存在大量小企业，该值为 0。

8. HHI 较前四家企业集中度比率给市场份额较大的企业分配了更高的权重。

9. CR_4和 HHI 没有考虑外国企业，都在某种程度上夸大了行业的真实集中度水平。

10. CR_4和 HHI 的生成基于本国数据，当相关市场是地方市场时，这两个指数倾向于低估地方市场的行业集中度水平。

11. CR_4和HHI对于用产品分类法来界定一个行业范围是很敏感的。

12. 罗斯查尔德指数（R指数）的表达式为：

$$R=\frac{E_T}{E_F}$$

式中，E_T为整个行业市场的需求价格弹性；E_F为单个企业产品的需求价格弹性。

13. R指数的取值范围在0～1之间。当R指数等于1时，表示单个企业的产品需求和整个行业需求对价格的敏感度相等；当R指数接近0时，表示单个企业的需求弹性远远大于整个行业的需求弹性（绝对值）。

14. 勒纳指数的表达式为：

$$L=\frac{P-MC}{P}$$

式中，P为价格；MC为边际成本。

15. 在有些行业，企业间往往通过低价格开展残酷的销售竞争，这种情况下的勒纳指数接近0；当企业间并非通过价格竞争来争夺消费者时，勒纳指数接近1。

16. $1/(1-L)$为溢价系数，描述的是企业以数倍于边际成本的价格给自己的产品定价。

17. 丹斯比-魏力格绩效指数（DW指数）根据行业产出少量增加带来的社会福利改善程度对行业进行分级。

18. 纵向一体化指将产品的各个生产阶段都囊括于一家企业中。

19. 横向一体化指把生产相似产品的企业合并成一家企业。

20. 混合并购指把不同类型的产品合并到一家企业内。

21. 结构-行为-绩效范式的因果观认为，市场结构决定企业行为，企业行为影响资源分配方式，最终导致好或坏的市场绩效。

22. 批评意见认为结构、行为和绩效三者之间并非单向的因果关系，企业行为反过来能够影响市场结构；同样，市场绩效也能够影响企业行为和市场结构。

23. 结构-行为-绩效范式和批评意见与本书第1章中介绍的五力模型密切相关，五力模型稍加修订就可以反映这些作用力的相互影响，如图7-1所示。

24. 根据横向并购的指导原则，如果在并购前HHI指数超过1 800，则并购存在挑战，将使HHI指数上升100。当然，这仅仅是指导原则。

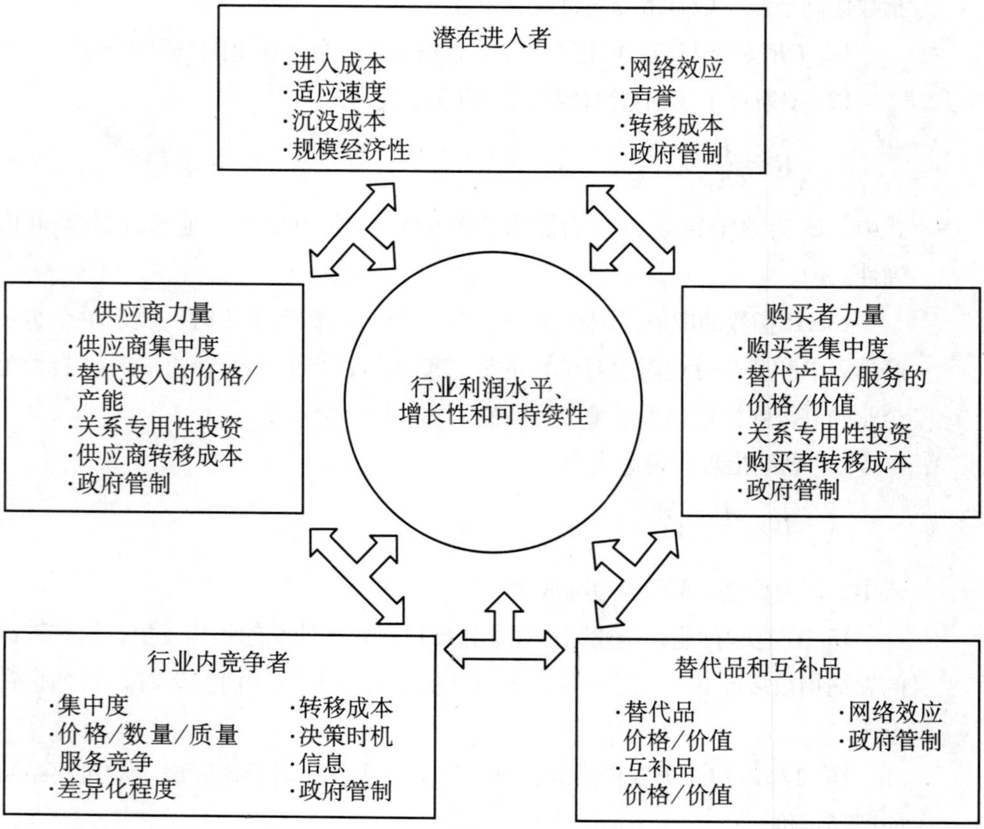

图 7-1 五力模型

问答题

1. 列举影响市场的五种因素，简单解释它们为什么对于管理者很重要。
2. 举出四个能够反映企业所在行业的市场结构的不确定因素或行为的例子。
3. 判断下列例子属于纵向并购、横向并购还是混合并购。
   a. 一家豪华轿车生产商并购了一家经济型轿车生产商。
   b. 一家电影公司并购了一家生产个人电脑的企业。
   c. 一家汽车制造商并购了一家钢铁生产企业。
4. a. 什么是勒纳指数？
   b. 该指数为什么有用？
5. a. 什么是前四家企业集中度比率？
   b. 该指数为什么有用？
   c. 该指数的局限性是什么？

6. a. 什么是赫芬达尔-海希曼指数？

b. 该指数为什么有用？

c. 该指数的局限性是什么？

7. a. 什么是丹斯比-魏力格绩效指数？

b. 该指数为什么有用？

技能题

1. 假设一个行业由六家企业构成，其中，两家企业每家的销售额为100万美元，四家企业每家的销售额为50万美元。计算该行业的前四家企业集中度比率，并解释其含义。

2. 假设一个行业由六家企业构成，其中，两家企业每家的销售额为100万美元，四家企业每家的销售额为50万美元。

a. 计算该行业的赫芬达尔-海希曼指数。

b. 为什么该指数与问题1中计算得到的指数不一样？

3. 软饮料的行业需求弹性为－2，一家有代表性的软饮料企业的需求弹性为－6。

a. 该行业的罗斯查尔德指数是多少？

b. 这个指数对于软饮料行业的启示是什么？

4. 服装行业企业的边际成本是5美元，一件衬衫定价15美元。

a. 这个行业的勒纳指数是多少？

b. 该行业中各企业盈利的原因是什么？

5. 行业集中度高其勒纳指数必定接近1吗？为什么？

选择题和判断题

1. 一家企业的边际成本为20美元，产品定价也为20美元。这家企业的勒纳指数是（　　）。

a. 0

b. 1

c. 20

d. 以上都不对

2. 小器具行业的需求弹性为－1，一家个体小器具企业的产品需求弹性为－100。基于罗斯查尔德方法测量市场力量，我们可以得出（　　）。

a. 该行业存在很小的垄断力量
b. 该行业存在明显的垄断力量
c. 该行业的赫芬达尔-海希曼指数为−2
d. 该行业的赫芬达尔-海希曼指数为2

3. 赫芬达尔-海希曼指数为1 000时表明（　　）。
a. 垄断
b. 垄断竞争
c. 完全竞争
d. 寡头垄断

4. 以下与市场力量有关系的市场结构是（　　）。
a. 寡头垄断
b. 垄断
c. 完全竞争
d. a和b

5. 测度市场结构的是（　　）。
a. 前四家企业集中度比率
b. 赫芬达尔-海希曼指数
c. 丹斯比-魏力格绩效指数
d. a和b

6. 基于以下数据我们可以得出（　　）。

	行业A	行业B
CR_4	1	0
HHI	10 000	0

a. 行业A是垄断行业
b. 行业B是垄断行业
c. 两个行业都不是完全竞争行业
d. 两个行业都不是垄断行业

7. 赫芬达尔-海希曼指数接近（　　）的行业被认为是竞争性行业，而接近（　　）的行业被视作非竞争性行业。
a. 100 000，0
b. 0，10 000
c. 1，0
d. 0，1

8. 根据国内数据计算出的CR_4和HHI（　　）。
a. 当市场中有外国企业时，夸大了真实的市场集中度
b. 当市场中有外国企业时，低估了真实的市场集中度

c. 当市场都由本土企业构成时，夸大了真实的市场集中度

d. 以上都不对

9. 根据因果观（　　）。

a. 行业中的企业行为将影响市场绩效

b. 行业中企业的市场结构将影响企业行为

c. 以上都对

d. 以上都不对

10. 测量绩效的是（　　）。

a. 前四家企业集中度比率

b. 赫芬达尔-海希曼指数

c. 丹斯比-魏力格绩效指数

d. 以上都对

11. 批评意见认为市场结构促使企业以一种特定的方式行事。（　　）

12. 定价是企业经营行为的一个方面。（　　）

13. 丹斯比-魏力格绩效指数测量的是企业潜在的利润变化。（　　）

14. 一家电力企业并购一家食品企业称为混合并购。（　　）

15. 一家芯片企业买下一家电脑企业称为纵向并购。（　　）

16. 横向并购可以加强并购企业的市场力量。（　　）

17. 在所有市场结构中，寡头垄断最具市场力量，因为它是由几个垄断企业构成的。（　　）

18. 如果前四家企业集中度比率显示行业 A 比行业 B 集中度更高，那么 HHI 的含义也一样。（　　）

19. CR_4和 HHI 指数总的来说对于测量行业绩效都是有价值的。（　　）

20. 四种基本的市场结构分别是垄断、完全竞争、垄断竞争和寡头垄断。（　　）

第 8 章

完全竞争、垄断与垄断竞争市场的管理

重要概念

1. 完全竞争市场具有以下特征：

a. 市场上有众多买者和卖者，它们相对于市场来说都很“小”。

b. 每个厂商生产同质（相同）产品。

c. 买者和卖者获得完全市场信息。

d. 市场中没有交易成本。

e. 可以自由进出市场。

2. 完全竞争市场中单个厂商产品的需求曲线就是市场价格。

3. 边际收益（marginal revenue）是最后一单位产量带来的收益变化，即收益曲线的斜率。

4. 完全竞争厂商的产品需求曲线是一条等于市场价格的水平线。这个价格也是完全竞争厂商的边际收益：$D^f=P=MR$。

5. 完全竞争厂商实现利润最大化的产量应该是产品价格等于边际成本，也就是边际收益等于边际成本时的产量。

6. 为了实现短期利润最大化，完全竞争厂商应该在边际成本增加到 $P=MC$ 的产量范围内生产，使得 $P>AVC$。如果 $P<AVC$，厂商就应该停产以使亏损最小。

7. 完全竞争厂商的短期供给曲线是 AVC 最低点之上的边际成本曲线。

8. 从长期来看，完全竞争厂商的产量满足：

a. $P=MC$

b. $P=AC$ 的最小值

9. 一个厂商是不是垄断者，应该看它是不是市场中唯一的供应商，有没有类似产品的其他供应商。

10. 规模经济存在于总产量增加而平均总成本下降时；规模不经济则存在于总产量增加而平均成本上升时。

11. 垄断厂商的边际收益公式为：

$$MR=P\left(\frac{1+E}{E}\right)$$

式中，E 为垄断厂商产品的需求弹性；P 为产品价格。

12. 反需求函数，记作 $P(Q)$，表示产量为 Q 单位时消费者愿意为每单位产品支付的最高价格。

13. 线性反需求函数的公式为：

$$P(Q)=a+bQ$$

式中，a 为大于 0 的常数；b 为小于 0 的常数。

14. 对于线性反需求函数，边际收益的公式为：

$$MR=a+2bQ$$

15. 垄断厂商为实现利润最大化应该生产 Q^M 单位产品，以保证边际收益等于边际成本：

$$MR(Q^M)=MC(Q^M)$$

16. 给定利润最大化产量 Q^M，垄断价格等于需求曲线上 Q^M 单位产量所对应的价格：

$$P^M=P(Q^M)$$

17. 令 $MR(Q)$ 表示总产量的边际收益，总产量 $Q=Q_1+Q_2$，假设工厂 1 生产 Q_1 单位产品的成本为 $MC_1(Q_1)$，工厂 2 生产 Q_2 单位产品的成本为 $MC_2(Q_2)$。垄断厂商要通过这两个工厂实现利润最大化，两个工厂的产量分配应该满足：

$$MR(Q)=MC_1(Q_1)$$

$$MR(Q)=MC_2(Q_2)$$

18. 垄断的无谓损失（deadweight loss of monopoly）是指生产者和消费者剩余的损失，归因于垄断厂商的产品定价超过了边际成本。

19. 垄断竞争市场具有以下特征：

a. 市场上有许多买者和卖者。

b. 每个厂商提供差异化产品。

c. 可以自由进入或退出市场。

20. 为了实现利润最大化，垄断竞争厂商按照边际收益等于边际成本来确定产量。利润最大化价格是消费者为利润最大化产量愿意支付的最高价格。利润最大化产量 Q^* 满足以下等式：

$$MR(Q^*)=MC(Q^*)$$

利润最大化价格为：

$$P^*=P(Q^*)$$

21. 垄断竞争厂商的长期产量符合以下条件：

a. $P>MC$

b. $P=ATC>$最小平均成本

22. 利基营销（niche marketing）是一种为市场中特殊消费群体提供产品或服务的营销策略。

23. 绿色营销（green marketing）是利基营销的一种形式，厂商针对关心环境问题的消费者提供产品。

24. 比较广告（comparative advertising）是广告的一种形式，厂商试图区分本厂商品牌与竞争厂商品牌，进而提高其产品的市场需求。

25. 品牌价值（brand equity）指品牌带给产品的附加值。

26. 品牌短视（brand myopic）的管理者会满足于现有品牌。

27. 要实现利润最大化，厂商应该增加广告支出，直到广告带来的增量收益等于广告投入的增量成本。

28. 利润最大化的广告支出与销售额的比率（A/R）为：

$$\frac{A}{R}=\frac{E_{Q,A}}{-E_{Q,P}}$$

式中，$E_{Q,P}$ 为厂商产品的需求价格弹性；$E_{Q,A}$ 为厂商产品的需求广告弹性；A 为厂商的广告支出；$R=PQ$，为厂商的销售额（即厂商收益）。

29. 厂商产品的需求弹性越大，最优广告支出与销售额的比率就越低。

30. 广告弹性越大，最优广告支出与销售额的比率就越大。

问答题

1. 解释在以下条件下，长期内市场中厂商的数量会发生什么变化？
   a. 市场价格是 10 美元，完全竞争厂商的平均总成本是 12 美元。
   b. 市场价格是 10 美元，完全竞争厂商的平均总成本是 8 美元。
   c. 市场价格是 10 美元，垄断竞争厂商的平均总成本是 12 美元。
   d. 市场价格是 10 美元，垄断竞争厂商的平均总成本是 8 美元。
   e. 市场价格是 10 美元，垄断厂商的平均总成本是 12 美元。
   f. 市场价格是 10 美元，垄断厂商的平均总成本是 8 美元。
2. 根据图 8-1 回答下列问题。

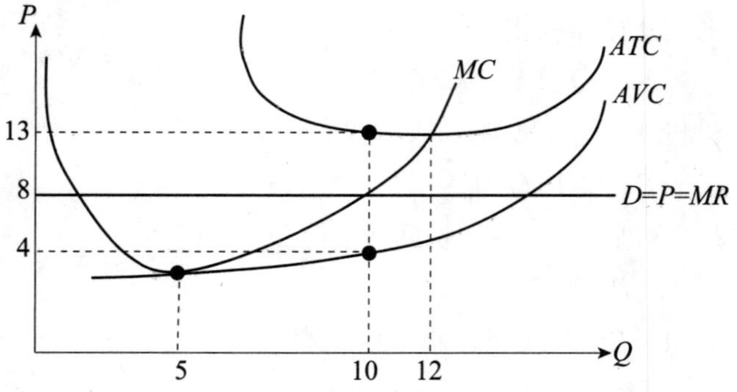

图 8-1

a. 这家厂商是在________行业经营。

b. 市场价格是________。

c. 利润最大化的产量是________单位。

d. 该厂商的利润或亏损是多少？

e. 如果该企业停产，它的利润或亏损是多少？

f. 从长期来看，如果市场条件不变，企业会进入还是退出？

3. 根据图 8-2 回答下列问题。

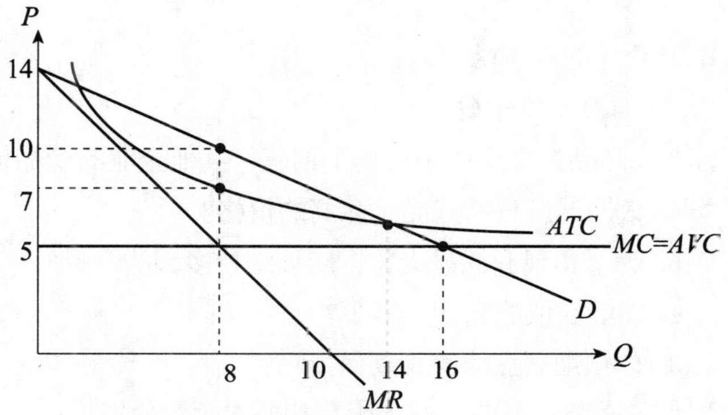

图8-2

a. 为了实现利润最大化，企业应该生产________单位产品。

b. 为了实现利润最大化，企业应该定价为________。

c. 企业的利润或亏损是多少？

d. 市场中的无谓损失是多少？

e. 如果完全竞争市场面对的是相同的成本和需求状况，从短期看，产量应该是多少？

f. 如果完全竞争市场面对的是相同的成本和需求状况，可获得政府每单位 16 美元的补贴，从长期看，产量应该是多少？

4. a. 根据图 8-2，你判断所描述的厂商是垄断厂商还是垄断竞争厂商？

b. 假设图 8-2 描述的是垄断竞争厂商，从长期看会发生什么？请解释。

5. 利用图 8-3，画出完全竞争厂商的长期均衡，然后回答下列问题。

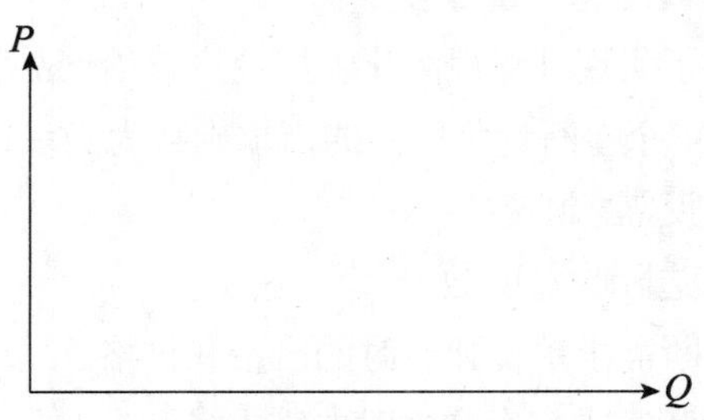

图8-3

a. 从长期看，价格（P）和边际成本（MC）关系的重要意义是什么？

b. 从长期看，价格（P）和平均总成本（ATC）关系的重要意义是什么？

c. 从长期看，价格（P）与平均总成本（ATC）曲线上最低点关系的重要意义是什么？

技能题

1. 某企业的成本函数为：

$$C(Q)=5+Q^2$$

该企业产品在完全竞争市场上销售，其他企业的产品价格为 40 美元。

a. 该厂商应该给产品定多高的价格？

b. 为了实现利润最大化，应该维持多大的产量？

c. 能够获取的利润是多少？

d. 你预期利润能够长期保持吗？

2. 假设垄断厂商的反需求函数和成本函数分别是：

$$P=5-Q$$

$$C(Q)=3Q$$

a. 如果厂商希望获得最大化总收益，那么产量应该是多少？

b. 如果厂商希望获得最大化总收益，应该怎么定价？

c. 在最大化收益水平的产量和价格下，厂商产品的需求弹性是多大？

d. 如果厂商希望利润最大化，那么产量应该是多少？

e. 如果厂商希望利润最大化，应该怎么定价？

f. 厂商的最大利润是多少？

g. 既定的相同需求和成本条件下，完全竞争行业的产量应该是多大？

3. 假设一个垄断厂商的反需求函数为 $P(Q)=10-0.5Q$。该垄断厂商有两个工厂，工厂 1 的边际成本为 $MC_1=Q_1$，工厂 2 的边际成本为 $MC_2=2Q_2$。

a. 为了实现利润最大化，每个工厂应该生产多少？

b. 厂商的总产量是多少？

c. 为了实现利润最大化，厂商应该给产品怎样定价？

4. 假设一个垄断竞争厂商的需求函数为 $Q=10-2P$。

a. 求反需求函数。

b. 求边际收益函数。

c. 判断需求单位弹性时的产量和价格。

d. 判断需求富有弹性时的需求量。

e. 判断需求缺乏弹性时的需求量。

5. 解释为何有时从长期看垄断竞争市场有过多的厂商生产过多的产品。

6. 一家专营店以不变的边际成本从国外生产商处进货。为了提高利润，管理者聘用了一位经济学家来估算专营店的产品需求。经济学家发现其产品需求呈对数线性，需求价格弹性为−5，广告需求弹性为1.0。为了实现利润最大化，厂商应该将收益的多大比例用作广告支出？

选择题和判断题

1. 以下表述中错误的是（　　）。

a. 垄断厂商生产其产品需求缺乏弹性的部分

b. 垄断厂商有可能获得零经济利润

c. 需求弹性越大，边际收益越接近价格

d. 从短期看，垄断厂商在 $P>AVC$ 时将会停产

2. 假设你是一家垄断企业的管理者，面对的需求曲线为 $P=5-5Q$，成本为 $C=1$。对于你的企业而言，利润最大化的产量为（　　）。

a. 1/2

b. 1

c. 5

d. 以上都不对

3. 假设你是一家企业的管理者，能以5美元的价格售出每一额外单位产品，由此可以知道你的企业是一家（　　）。

a. 垄断企业

b. 垄断竞争企业

c. 要么a，要么b

d. 以上都不对

4. 从长期看，垄断竞争市场条件下，以下表述正确的是（　　）。

a. 利润为正，因为 $P>$ 平均总成本最小值

b. $P>$ 平均总成本最小值

c. $P=MR$

d. 以上都对

5. 在长期经营中，完全竞争厂商（　　）。

a. 产品价格等于边际成本

b. 出现过剩产能

c. 以最小的平均总成本进行生产

d. a和c

6. 如果垄断竞争厂商的边际成本下降，为了实现利润最大化，厂商应该（　　）。

a. 削减产量，提高价格

b. 增加产量，降低价格

c. 产量和价格都提高

d. 产量和价格都降低

7. 垄断和垄断竞争的主要区别是（　　）。

a. 进入和退出一个行业的难易程度

b. 市场中企业的数量

c. 以上都对

d. 以上都不对

8. 属于完全竞争的典型例子的是（　　）。

a. 艾奥瓦州的农场主

b. 小城镇的公用事业

c. 纽约的一家报纸

d. 牙膏生产厂商

9. 不存在供给曲线的是（　　）。

a. 竞争厂商

b. 竞争行业

c. 垄断竞争行业

d. 以上都不对

10. 在垄断竞争市场中利润为负，从长期看，厂商将退出，市场的供给曲线将向左平移。（　　）

11. 垄断厂商总能获取正的经济利润。（　　）

12. 对于完全竞争企业而言，短期和长期经营中，$P=MC$。（　　）

13. 在长期均衡中，垄断竞争行业的产量对应的是平均成本最低点。（　　）

14. 从长期看，完全竞争厂商获得零会计利润。（　　）

15. 对于垄断厂商而言，短期和长期经营中，$P>MC$。（　　）

16. 在长期竞争均衡中，厂商拥有最优规模的工厂。（　　）

17. 如果完全竞争市场中的厂商最初获取零经济利润，假设市场需求下降，从长期看，厂商会退出这个行业，这样市场价格就有上涨的压力。（　　）

18. 一个市场是垄断市场，可能是因为存在进入的法律壁垒。（　　）

19. 市场中总会产生无谓损失，无论是垄断市场还是垄断竞争市场。（　　）

第 9 章 基本寡头垄断模型

重要概念

1. 寡头垄断（oligopoly）指行业中只有几家大厂商存在的情形。如果只有两家厂商则称为双寡头垄断。

2. 斯威齐寡头垄断具有以下特征：

a. 市场中只有几家厂商为众多消费者提供服务。

b. 厂商的产品差异化。

c. 每家厂商都相信竞争对手会随之降价，但不会随之提价。

d. 存在进入壁垒。

3. 古诺寡头垄断具有以下特征：

a. 市场中只有几家厂商为众多消费者提供服务。

b. 厂商的产品差异化或同质化。

c. 每家厂商都相信，当自己改变产量时竞争对手的产量不变。

d. 存在较高的进入壁垒。

4. 最优反应函数（也称反应函数，reaction function）是指在给定另一家厂商的产量时，本厂商的利润最大化产量。比如，给定厂商 2 的产量为 Q_2，厂商 1 的利润最大化产量为：

$$Q_1 = r_1(Q_2)$$

同理，给定厂商 1 的产量 Q_1，厂商 2 的利润最大化产量为：

$$Q_2 = r_2(Q_1)$$

5. 古诺均衡（Cournot equilibrium）是指给定其他厂商产量时，没有一家厂商愿意改变自身的产量。这一情形对应于反应曲线的交点。

6. 假设生产同质产品的古诺双寡头垄断的（反）需求函数为：

$$P = a - b(Q_1 + Q_2)$$

那么厂商 1 和厂商 2 的边际收益分别为：

$$MR_1(Q_1, Q_2) = a - bQ_2 - 2bQ_1$$

$$MR_2(Q_1, Q_2) = a - bQ_1 - 2bQ_2$$

7. 对于线性（反）需求函数

$$P = a - b(Q_1 + Q_2)$$

和成本函数

$$C_1(Q_1) = c_1(Q_1)$$

$$C_2(Q_2) = c_2(Q_2)$$

反应函数为：

$$Q_1 = r_1(Q_2) = \frac{a - c_1}{2b} - \frac{1}{2}Q_2$$

$$Q_2 = r_2(Q_1) = \frac{a - c_2}{2b} - \frac{1}{2}Q_1$$

8. 等利润线（isoprofit curve）定义了所有厂商不同产量组合下使某给定厂商保持同等利润水平的曲线。

9. 斯塔克博格寡头垄断具有以下特征：

a. 市场上只有几家厂商为众多消费者提供服务。

b. 厂商的产品差异化或同质化。

c. 某一厂商（领导者）在其他厂商确定产量之前制定产量决策。

d. 其他厂商（跟随者）将领导者的产量视为给定的，然后在给定领导者产量的情况下确定其利润最大化产量。

e. 存在进入壁垒。

10. 对于线性（反）需求函数

$$P = a - b(Q_1 + Q_2)$$

和成本函数

$$C_1(Q_1) = c_1(Q_1)$$

$$C_2(Q_2) = c_2(Q_2)$$

跟随者根据古诺反应函数确定产量：

$$Q_2 = r_2(Q_1) = \frac{a - c_2}{2b} - \frac{1}{2}Q_1$$

领导者的产量为：

$$Q_1 = \frac{a + c_2 - 2c_1}{2b}$$

11. 伯川德寡头垄断具有以下特征：

a. 市场中只有几家厂商为众多消费者提供服务。

b. 厂商的边际成本固定且产品同质。

c. 厂商参与价格竞争并对竞争者的价格作出最优反应。

d. 消费者获得完全信息且没有交易成本。

e. 存在进入壁垒。

12. 管理者消除零利润的方法是将源于伯川德寡头竞争的同质产品的生产转变为差异化产品的生产。

13. 一个可竞争市场需要满足以下条件：

a. 所有生产者获得了相同的生产技术。

b. 消费者对价格变化的反应迅速。

c. 在位厂商不能通过降价对进入作出快速反应。

d. 不存在沉没成本。

问答题

1. 判断下列例子最接近哪一种寡头垄断模型。

a. 厂商 A 在每月第一天确定其产量，厂商 B 得知厂商 A 的产量后，在每月第二天确定产量。

b. 厂商 A 和厂商 B 确定各自的产量，都不知道对方已经确定的产量。

c. 厂商 A 和厂商 B 确定各自的价格，都不知道对方已经确定的价格。

d. 厂商 A 认为它的竞争者会相应降价而不是涨价。

2. 图 9-1 表示的是双寡头垄断的产品需求状况，取决于对方是否调整价格。假设我们从点 E 处开始。

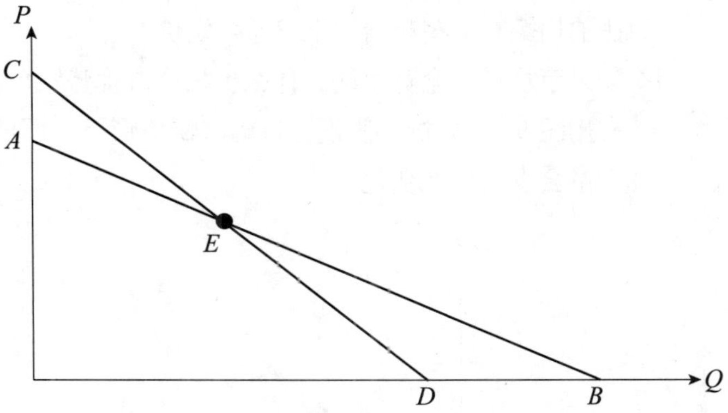

图 9-1

a. 假设竞争者降低价格而非提高价格，厂商的需求曲线是哪条？

b. 假设竞争者提高价格而非降低价格，厂商的需求曲线是哪条？

3. 根据图 9-2 所表示的反应函数和等利润线回答下列问题：

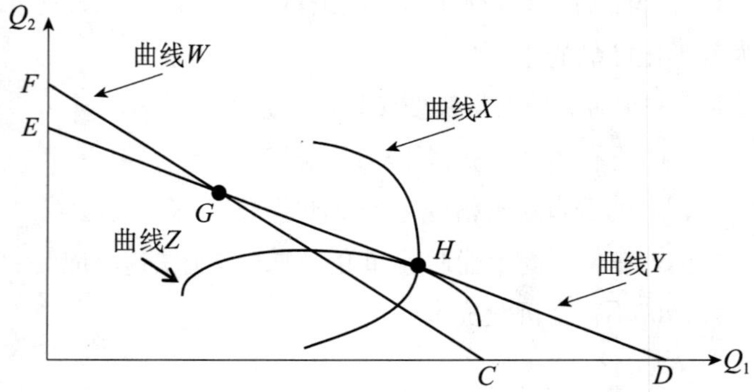

图 9-2

a. 哪条曲线表示厂商 1 的古诺垄断反应函数？

b. 哪条曲线表示厂商 2 的古诺垄断反应函数？

c. 哪个点表示厂商 1 的垄断产量？

d. 哪个点表示厂商 2 的垄断产量？

e. 哪条曲线表示厂商 1 的等利润线？

f. 哪条曲线表示厂商 2 的等利润线？

g. 哪个点表示古诺均衡？

h. 哪个点表示斯塔克博格均衡？

i. 就问题 h 而言，你认为哪个厂商是领导者？

4. 假设两个厂商在市场中有同质产品的竞争，有相同的边际生产成本 5 美元。

a. 在伯川德寡头垄断情况下该怎样定价？

b. 如果市场是完全竞争的，什么价格会占优势？

5. a. 利用图 9-3 分析，假设在古诺垄断情形下，厂商 1 的边际成本上升，产量会发生什么变化。

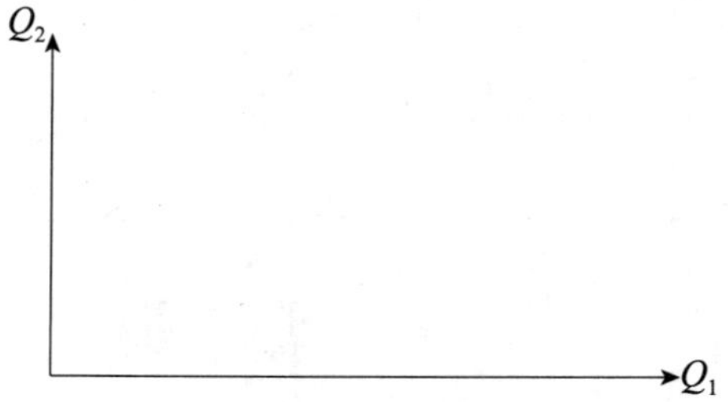

图 9-3

b. 在图 9-4 中表示，假设在斯威齐垄断情形下，厂商 1 的边际成本上升，产量会发生什么变化。

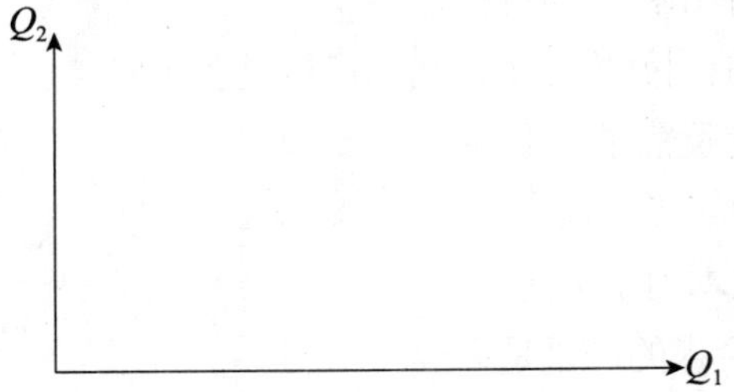

图9-4

6. Cleaning 是市场中唯一提供家政服务的公司，却获取零经济利润，清扫一间房的价格等于它的边际成本。

a. Cleaning 公司是垄断者吗？

b. 你认为 Cleaning 公司为什么要把价格定在边际成本的水平上？

技能题

1. 假定古诺双寡头垄断的反需求函数为：

$$P = 5 - (Q_1 + Q_2)$$

它们的边际成本均为1美元。

a. 两个厂商生产同质产品吗？

b. 厂商1的边际收益是多少？

c. 厂商1的反应函数是什么？

d. 厂商2的反应函数是什么？

e. 古诺均衡产量是多少？

f. 古诺均衡价格是多少？

2. 假定双寡头垄断的反需求函数为：

$$P = 5 - (Q_1 + Q_2)$$

两个厂商的边际成本均为1美元。假定厂商1是伯川德寡头垄断的领导者，厂商2是跟随者。

a. 领导者的均衡产量是多少？

b. 跟随者的均衡产量是多少？

c. 市场总产量是多少？

d. 均衡价格是多少？

3. 假定伯川德双寡头垄断的反需求函数为：

$$P = 5 - (Q_1 + Q_2)$$

边际成本均为1美元。

a. 伯川德均衡价格是多少？

b. 伯川德均衡下市场总产量是多少？

4. 假定反需求函数为：

$$P = 5 - Q$$

边际成本为1美元。

a. 合谋的产量是多少？

b. 合谋的价格是多少？

5. 假定问题2～问题4中的需求和成本条件完全相同，你可以推断出古诺垄断、斯塔克博格垄断、伯川德垄断与合谋情形下的市场总产量和价格是怎样的？

选择题和判断题

1. 如果厂商是在伯川德垄断市场中竞争，那么（　　）。

a. 每个厂商认为竞争者的产量是既定的

b. 每个厂商认为竞争者的价格是既定的

c. 每个厂商认为竞争者的利润是既定的

d. 以上都对

2. 在线性需求和边际成本稳定的条件下，斯塔克博格跟随者的利润（　　）领导者的利润。

a. 小于

b. 等于

c. 大于

d. 两倍于

3. 以下属于斯威齐寡头垄断的特征的是（　　）。

a. 市场中只有一个厂商为消费者提供服务

b. 所有的厂商生产同质产品

c. 每一个厂商都认为当自己降价时，竞争对手会提价；自己涨价时，竞争对手不涨价

d. 以上都不对

4. 双寡头垄断厂商在市场中和平共处时都获得正的经济利润，面对每天起伏的边际成本谁也不调整价格。据此可以得出这两个厂商竞争的模式最有可能是（　　）。

a. 斯威齐寡头垄断

b. 古诺寡头垄断

c. 斯塔克博格寡头垄断

d. 伯川德寡头垄断

5. 对于可竞争市场一个重要的条件是（　　）。

a. 所有产品都有技术上的差异

b. 消费者对于价格变动反应迟缓

c. 在位厂商对于降低价格进入市场可以作出迅速反应

d. 不存在沉没成本

6. 伯川德寡头垄断的市场需求函数是 $P=10-Q_1-Q_2$，边际成本为零，两个厂商的固定成本都为零。下列描述正确的是（　　）。

a. $P=10$ 美元

b. 两个厂商都获取正的利润

c. 这种寡头垄断导致无谓损失

d. 以上都对

7. 以下属于斯塔克博格寡头垄断的条件的是（　　）。

a. 行业中存在少数几个厂商

b. 存在进入壁垒

c. 单个厂商（领导者）在其他所有厂商确定产量前确定自己的产量

d. 厂商或者生产差异产品，或者生产同质产品

e. 以上都是

8. 从消费者的视角看，最不令人满意的市场结构是（　　）。

a. 伯川德寡头垄断

b. 古诺寡头垄断

c. 斯塔克博格寡头垄断

d. 垄断

9. 某厂商的边际收益在产量为 50 单位时下降，当厂商处于（　　）竞争时，这个现象是不足为奇的。

a. 斯威齐寡头垄断

b. 古诺寡头垄断

c. 斯塔克博格寡头垄断

d. 伯川德寡头垄断

10. 其他条件都不变，你认为获得最低利润的是（　　）。

a. 同质产品的伯川德寡头垄断

b. 古诺寡头垄断

c. 斯塔克博格寡头垄断的领导者

d. 斯塔克博格寡头垄断的跟随者

11. 在伯川德寡头垄断中，每个厂商都认为在自己调整产量后，竞争者将保

持产量不变。（　）

12. 在古诺寡头垄断中，厂商以不变的边际成本生产同质产品并且忙于价格竞争。（　）

13. 在寡头垄断中，边际成本的变化永远不会对产量和价格产生影响。（　）

14. 伯川德寡头垄断模型揭示了在只有两个厂商时，市场中完全竞争的价格可以上升。（　）

15. 古诺寡头垄断中的厂商可以确定产量，而斯塔克博格寡头垄断中的厂商不能。（　）

16. 一个厂商的等利润线可以定义为所有厂商不同产量组合下使该厂商保持相同利润水平的曲线。（　）

17. 如果市场中只有两个厂商，那么市场价格一定高于边际成本。（　）

18. 如果市场中只有一个厂商，那么市场价格一定高于边际成本。（　）

19. 在斯塔克博格寡头垄断中，每个厂商都认为自己调整产量，而竞争对手维持产量不变。（　）

20. 对于古诺双寡头垄断中的厂商而言，如果产品的边际成本上升，其利润会更低。（　）

第 10 章

博弈论：寡头垄断

重要概念

1. 策略（strategy）是一种决策选择，指博弈方在每个决策状态下将采取的行动。

2. 正则形式博弈（normal-form game）是博弈的一种表现形式，表示博弈方可能采取的不同策略及其带给博弈方的收益。

3. 不管对手如何行动，能够带来最大收益的策略就是占优策略（dominant strategy）。

4. 保证在最坏的情形下获得最高收益的策略是安全策略（secure strategy）。

5. 构成纳什均衡的策略是：给定其他博弈方的策略，没有一个博弈方可以通过单方面改变自己的策略而提高自身收益。

6. 一次性博弈只能博弈一次。

7. 在同时行动博弈中，博弈方必须在不知道其他博弈方决策的情况下制定决策。

8. 在一次性同时博弈中，博弈方必须有占优策略，最优决策就是选择占优策略。

9. 在一次性同时行动讨价还价博弈中，博弈方都只有一次机会达成协议，而讨价还价中各方的报价是同时作出的。

10. 在重复博弈中，潜在的博弈将多次进行。

11. 无限重复博弈（infinitely repeated game）是一种永远持续进行的博弈，博弈方从博弈的每次重复中获得收益。

12. 触发策略（trigger strategy）是指在博弈中根据博弈方过去的行为而制定的策略。采取触发策略的博弈方会继续同一行为，直到其他博弈方采取了某种行为触发该博弈方改变行为。

13. 当利率较低时，厂商将发现和谋定高价有利可图。因为如果一方违背合谋协议，它将在未来被长期惩罚，该惩罚足以抵销违背合谋协议所获得的收益。被惩罚的威胁使得厂商在重复博弈中构建成一个纳什均衡的合谋。

14. 假定一个一次性博弈可以无限次重复，利率为 i；博弈方合作时的一次性收益是 $\pi^{合作}$，如果博弈方在合谋中有欺骗行为，其获得的一次性最高收益为 $\pi^{欺骗}$，一次性纳什均衡收益为 π^{N}，并且

$$\frac{\pi^{欺骗}-\pi^{合作}}{\pi^{合作}-\pi^{N}}\leqslant\frac{1}{i}$$

那么在无限重复博弈中采取以下触发策略的合作（合谋）可以持续获得收益：博弈方在过去没有欺骗行为；如果任何一方采取欺骗手段，另一方将选择一次性博弈的纳什均衡策略惩罚对方。

15. 有限重复博弈即重复次数有限，也就是最终会终止。

16. 有限重复博弈有两种重要的类型：（1）博弈方不知道博弈何时结束；（2）博弈方知道博弈何时结束。

17. 当博弈方确切知道博弈将何时结束时，期末问题就出现了。在最后一期没有明天，也无法就对手在最后一期的欺骗行为进行惩罚。因而博弈方在最后一期采取与一次性博弈相同的策略。这就产生了倒推，即在最后一期的前一期有效终止博弈。

18. 延展形式博弈包括：博弈方、在博弈每个阶段博弈方获得的信息、博弈方的策略、博弈方的行动顺序及每种策略产生的收益。

19. 构成子博弈完全均衡的策略应该满足：（1）它是纳什均衡；（2）在博弈的每个阶段（决策点）没有博弈方可以通过改变自身策略来增加收益。

20. 在两阶段序贯讨价还价博弈中，率先行动者可以有效地向后动者提出“要么接受要么一无所获”的筹码。

问答题

1. 根据图 10－1 所示的一次性同时行动博弈，回答下列问题。

		博弈方B	
	策略	左	右
博弈方A	上	1, 5	2, 4
	下	3, 6	4, 7

图 10－1

a. 博弈方 A 的安全策略是什么？

b. 博弈方 B 的安全策略是什么？

c. 博弈方 A 有占优策略吗？
d. 博弈方 B 有占优策略吗？
e. 纳什均衡策略是什么？
f. 博弈方 A 的纳什均衡收益是多少？
g. 博弈方 B 的纳什均衡收益是多少？

2. 根据图 10－2 所示的博弈回答下列问题。

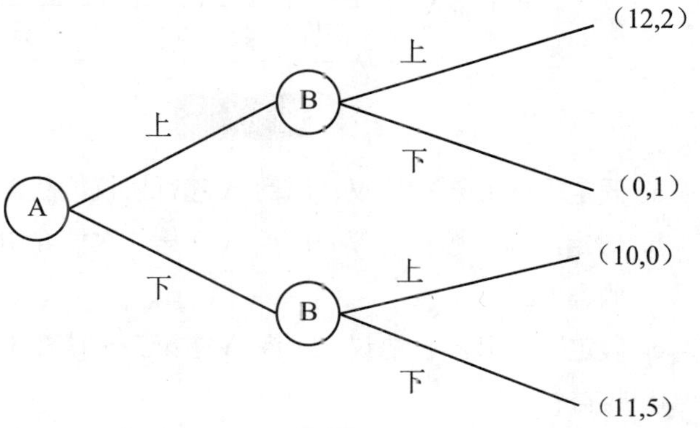

图 10－2

a. 这是序惯行动博弈还是同时行动博弈？
b. 哪个博弈方先动？
c. 就博弈方 A 的策略给出一个例子。
d. 就博弈方 B 的策略给出一个例子。
e. 这个博弈过程有几个纳什均衡？
f. 这些纳什均衡的收益是多少？
g. 这个博弈过程有几个子博弈完全均衡？
h. 这些子博弈完全均衡的收益是多少？

3. 根据图 10－3 回答下列问题。

		厂商B	
	策略	低价	高价
厂商A	低价	0, 0	5,－1
	高价	－1,5	1,1

图 10－3

a. 这个博弈体现的是哪一种寡头垄断情形？
b. 假定这是一个一次性博弈，厂商 A 同意定高价。厂商 B 最好的回应是什么？
c. 这个一次性博弈的纳什均衡利润是多少？

4. 假定图10－4中的博弈重复两次。只要竞争对手在先期从没有定过低价，每个厂商都同意定高价。如果竞争对手在本次博弈中违背了协议，那么任何厂商此后都定低价。假设利率为零。

厂商B

	策略	低价	高价
厂商A	低价	0, 0	5, -1
	高价	-1,5	3,3

图10－4

a. 假定厂商B履行协议，厂商A履行协议能获得多少收益？

b. 假定厂商B履行协议，厂商A在第一次博弈中违背协议，能获得多少收益？

c. 假定厂商B履行协议，厂商A在第二次博弈中违背协议，能获得多少收益？

d. 这个协议能够提供一种持续合谋获得利益的方法（即在两次博弈中都定高价）吗？

5. 现在假定图10－4中为无限重复博弈。只要竞争对手在先前的任何一次博弈中没有定过低价，每个厂商都同意定高价。如果竞争对手违背了这个协议，任何厂商此后永远恢复定低价。假设利率为50%。

a. 假设厂商B履行协议，如果厂商A也履行协议，能够获得多少收益？

b. 假设厂商B履行协议，如果厂商A违背协议，能够获得多少收益？

c. 这个协议能够提供一种持续合谋获得收益的方法（即在每次博弈中都定高价）吗？

d. 如果利率为100%，答案会变吗？

技能题

1. 纳塔莉和米歇尔在操场上发现两枚硬币，这两枚硬币都是25美分。他们拌了几句嘴之后，妈妈让他们各自写下想要几枚硬币。如果纳塔莉和米歇尔想要的硬币数量等于2，那么他们可以拿走所写的数字对应的硬币，否则，妈妈就从他俩的小猪储钱罐里各拿走一枚25美分硬币。

a. 写出这个博弈的正则形式博弈模型。

b. 这个博弈中的纳什均衡是什么？

2. 认真思考问题1中的情形，现在假设妈妈让纳塔莉告诉米歇尔她想要几枚硬币（0 枚、1 枚或 2 枚 25 美分），米歇尔可以“接受”或“拒绝”纳塔莉的提议。如果米歇尔接受提议，就能拿到纳塔莉提议后剩下的所有硬币。不过，如果他俩不能达成协议（即米歇尔拒绝纳塔莉的提议），妈妈就会从他俩的小猪储钱罐里各拿走 1 枚 25 美分硬币。

a. 写出这个博弈的延展形式博弈模型。

b. 这个博弈的子博弈完全均衡的收益是多少？

3. 你的公司必须决定是否推介新产品。如果推介新产品，你的竞争对手将不得不决定是否仿造你的新产品。如果你不推介新产品，你和竞争对手每个月都可获得 1 000 万美元收益。如果你推介新产品，竞争对手仿造，你会损失 500 万美元，而竞争对手会获得 2 000 万美元收益。如果你推介新产品，竞争对手也不仿造，你就会赚取 500 万美元，而竞争对手一分不赚。

a. 写出这个博弈的延展形式博弈模型。

b. 你应该推介新产品吗？

4. 思考图 10－5 所示的一次性同时行动博弈，回答相应的问题。

	厂商B		
	策略	Y	Z
厂商A	W	5, 5	0, 0
	X	0,0	3,3

图 10－5

a. 假设厂商 B 采取 Y 策略，厂商 A 的最佳反应是什么？

b. 假设厂商 A 采取 W 策略，厂商 B 的最佳反应是什么？

c. 厂商 A 有占优策略吗？

d. 这个博弈的纳什均衡是什么？

e. 这种类型的博弈叫什么？

5. 再次思考图 10－5 所示的博弈。现在假设你是厂商 A，你打算率先行动而不是同时行动。厂商 B 则准备视你而动，采取相应的策略。

a. 你应该选择什么策略？为什么？

b. 厂商 B 会抵制（反对）你的先动打算吗？请解释。

6. ACME 和 AAA 是垄断市场的两个寡头企业，都生产和销售特殊镀钛车架螺栓。两个厂商都是用劳动、原材料和设备生产几乎完全一样的螺栓。由于技术限制，ACME 只能生产 200 个或 300 个螺栓，而 AAA 却可以生产 200 个、300 个或 400 个。作为 ACME 的管理者，你为了实现利润最大化必须决定产量到底应该多大。ACME 的成本函数为 $C_{ACME}=15Q_{ACME}$，$15Q_{ACME}$代表生产的直接变动成本。你不知道 AAA 的成本是多少，不过市场部提供了螺栓的市场需求信息：

ACME与AAA的产量总和（个）	螺栓价格（美元）
400	22
500	20
600	20
700	20

a. 写出这个博弈的正则形式。

b. 如果ACME有先动优势，还能比AAA先行确定产量，那么ACME应该生产多少个螺栓?

选择题和判断题

1. 要成为一个子博弈完全纳什均衡必须满足的条件是（　　）。

a. 博弈双方都有占优策略

b. 一方有占优策略，而另一方有安全策略

c. 所有威胁必须是可信的

d. 以上都不对

2. 对于有两个博弈方的同时行动博弈的纳什均衡，表述不正确的是（　　）。

a. 博弈双方的共同收益可能低于采取其他策略而增加的共同收益

b. 在纳什均衡中，一方的策略已经给定，另一方就可以通过改变自己的策略来提高收益

c. 纳什均衡如果存在的话，一定是独一无二的

d. b和c

3. 以下表述正确的是（　　）。

a. 纳什均衡始终是子博弈完全均衡

b. 子博弈完全均衡始终是一个纳什均衡

c. 在多阶段博弈中，纳什均衡始终是一个子博弈完全均衡

d. 子博弈完全均衡与纳什均衡是同一个概念，只不过分别适用于序惯行动博弈和同时行动博弈

4. 包含威胁不可信的一个纳什均衡是（　　）。

a. 安全均衡

b. 完全均衡

c. 序贯均衡

d. 以上都不对

5. 在无限重复博弈中维持暗中勾结更加困难是因为（ ）。

a. 欺骗的现值更高

b. 在博弈中没有更多的博弈方

c. 利率更高

d. 以上都对

6. 以下表述正确的是（ ）。

a. 从呈现的内容看，延展形式博弈比正则形式博弈提供的信息更多

b. 正则形式博弈对于序惯行动博弈最有用

c. 以上都对

d. 以上都不对

7. 博弈论表明，当不存在重复的互动时，伯川德寡头垄断厂商将（ ）。

a. 高于边际成本定价

b. 可以合谋

c. 以上都对

d. 以上都不对

根据以下信息回答问题8、问题9和问题10：如果你（厂商A）和你的竞争对手（厂商B）都做广告，那么各获得0美元的利润。如果你们都不做广告，那么各获得100万美元的利润。如果你们当中一个做广告而另一个不做广告，做广告的厂商将获得1 000万美元的利润，不做广告的厂商则会损失100万美元。

8. 以下表述正确的是（ ）。

a. 对厂商A来说占优策略是做广告

b. 对厂商B来说占优策略是做广告

c. 纳什均衡是两个厂商都应该做广告

d. 以上都对

9. 在一次行动博弈中，属于纳什均衡收益的是（ ）。

a. （0，0）

b. （0，10）

c. （10，0）

d. 这个博弈不存在纳什均衡

10. 以下表述正确的是（ ）。

a. 对于厂商A来说安全策略是不做广告

b. 对于厂商A来说安全策略是做广告

c. 以上都对

d. 以上都不对

11. 一次性博弈中，合谋策略总是表现为纳什均衡。（ ）

12. 安全策略发生于博弈的每一方都不管其他博弈方做什么而采取最有利于自己的行动之时。（ ）

13. 在有两个博弈方的同时行动博弈中，如果博弈双方都有占优策略并且都采取占优策略，会产生一个纳什均衡。（ ）

14. 每个完全均衡都是一个纳什均衡。（ ）

15. 在无限重复博弈中，合谋就是一个纳什均衡。（ ）

16. 在有确定终止期的有限重复博弈中，合谋通常不可行，因为在最后一期有效惩罚无法实施。（ ）

17. 在一个低利率的无限重复博弈中，合谋不太可能，因为博弈分解，所以在任何一次博弈中都无法实施有效的惩罚。（ ）

18. 对于博弈一方而言，不管对手怎么做，占优策略是最优策略。（ ）

19. 存在大量企业的行业中，合谋更有可能。（ ）

20. 合作博弈有多个纳什均衡。（ ）

第 11 章
定价策略

重要概念

1. 利润最大化的价格为：

$$P = \left(\frac{E_F}{1+E_F}\right)\times MC$$

式中，E_F为企业产品的需求价格弹性；MC 为企业的边际成本。括号中的内容为最优加成因子。

2. 如果古诺寡头垄断市场有 N 家相同的企业，该市场上每家企业的利润最大化价格为：

$$P = \left(\frac{NE_M}{1+NE_M}\right)\times MC$$

式中，N 为该行业中的企业数量；E_M为市场的需求弹性；MC 为边际成本。

3. 价格歧视（price discrimination）是指针对不同消费者群体制定不同的价格。

4. 一级价格歧视是指向每个消费者索要其愿意为每单位产品支付的最高价格。通过这种策略，企业获取全部消费者剩余，并且获取最大可能的利润。

5. 二级价格歧视是针对不同的购买数量进行离散的递减式定价。

6. 三级价格歧视是针对相同产品对不同的消费者制定不同的价格。

7. 如果满足下列条件，企业可以通过三级价格歧视增加利润：

a. 消费者被分成两种类型，其中一种比另一种的需求更具弹性。

b. 企业有办法区分不同的消费群体。

c. 不存在产品的转售。

8. 为了实现利润最大化，具有市场势力的企业在不同消费群体的边际收益等于边际成本处生产：

$$\underbrace{P_1\left(\frac{1+E_1}{E_1}\right)}_{MR_1} = MC$$

$$\underbrace{P_2\left(\frac{1+E_2}{E_2}\right)}_{MR_2} = MC$$

9. 企业可以通过两部定价增加利润：每单位产品定价等于边际成本，加上在这个单位价格上的全部消费者剩余的固定费用。

10. 通过将一批产品打包且将其作为一个整包进行销售，企业将获得比单一定价更多的利润。一个整包的利润最大化价格就是消费者从这个整包中获得的总价值。

11. 商品捆绑（commodity bundling）是指将两种或两种以上的不同产品捆绑在一起并以单一的捆绑价销售。

12. 当需求在一天中的某些时段高于其他时段时，企业就可以采取高峰定价策略增加利润，即在高峰期制定比非高峰期更高的价格。

13. 无论企业的两种产品是成本互补的还是需求相关的，企业采取交叉补贴策略都可以增加利润，以等于或低于成本的价格销售一种产品，以高于成本的价格销售另一种产品。

14. 采用价格匹配策略的厂商需要公布价格，并承诺将匹配竞争对手制定的任何低价。这样的策略带来更高的价格。

15. 双重边际效应发生于一个企业内部上下游两个部门的定价都高于边际成本时，结果就是利润小于最优的企业总利润。

16. 最优转移价格是指为了使整个企业利润最大化，上游部门将以什么内部价格向企业的下游部门销售投入品。

17. 假定下游部门需要一单位投入品用于最终产品的装配，其边际成本记作 MC_d，即扣除上游部门的投入品所要求的边际成本之外的部分。当上游部门在其边际成本（MC_u）等于其净边际收益（NMR_d）处生产产品时，企业的总利润才能实现最大化：

$$NMR_d = MR_d - MC_d = MC_u$$

这个公式用以判断最优产量，记作 Q^*；最优转移价格 P^T 等于上游部门生产投入品的边际成本，其生产投入品的数量取决于下游部门生产 Q^* 单位的最终产品。

问答题

1. 图 11－1 表示的是具有市场势力的企业的需求条件，根据该图回答下列问题。

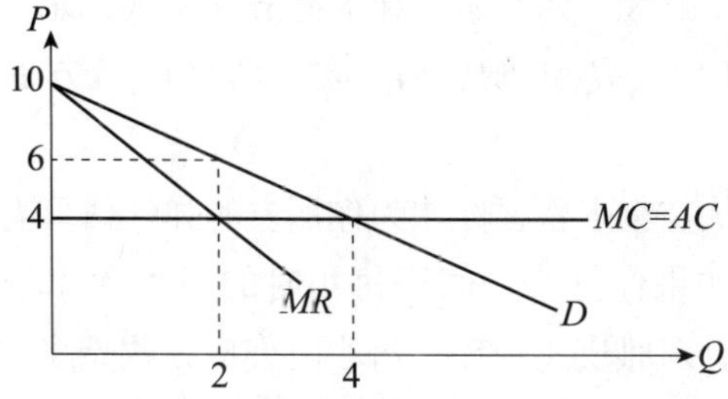

图 11-1

a. 假定企业针对消费者制定单价，什么价格能使利润最大化？

b. 如果企业针对消费者制定单价，企业的产量应该是多少？

c. 如果企业针对消费者制定单价，企业的利润是多少？

2. 假定图 11－1 中的企业能够进行两部定价。

a. 最优固定费用是多少？

b. 最优单价是多少？

c. 企业的利润是多少？

3. 假定图 11－1 中的企业决定将 2 单位产品合并成一整包销售给消费者。

a. 这个两件套产品的最优定价是多少？

b. 如果以两件套来销售，企业的利润是多少？

4. 判断下列使利润最大化的定价策略的类型。

a. 某企业的需求在周末非常低，但是在平时非常高。

b. 某企业了解到学生对于其产品的需求弹性比老年人大得多。

c. 不同的消费者对音响有明显不同的偏好，一些人更乐意购买便携式播放器而不是 CD 机，另一些人则与此相反。

5. 列举三个可以使企业在价格激烈竞争的市场环境中增加利润的策略。

技能题

1. 超市处于完全竞争的市场中，从供应商那里以 0.25 美元的价格购买罐装食品。经理聘请的一名计量经济学家估算出超市罐装食品的需求弹性为－2。为了实现利润最大化，超市经理应该为青豆罐头定价多少？

2. 古诺寡头垄断行业中的四家企业存在同质产品的竞争。产品的市场需求弹性为－0.5，每家企业产品的边际成本都是 2 美元。利润最大化时的均衡价格是多少？

3. 假设你是小镇里唯一一家清洁服务公司的经理。小镇的人口主要由雅皮士青年人和退休的老年人构成，青年人主要居住在 Highlife 街区，老年人主要居住在Beat街区。你有一个计量经济学友人，出于爱好，她帮你分析了你们公司所处的环境，发现雅皮士一族在清洁服务方面的需求弹性为－3，退休一族是－5。

a. 从直觉来看，你认为你朋友的弹性估算有道理吗？

b. 如果你打扫一间房每小时的成本为15美元，为了实现利润最大化，针对雅皮士一族，每小时你应该收费多少？

c. 如果你打扫一间房每小时的成本为15美元，针对退休老人，每小时你应该收费多少？

4. 假设一名运动爱好者每个月到健身温泉疗养中心的反需求函数为：

$$P = 30 - Q$$

每一名顾客到健身温泉疗养中心的边际成本是0美元，健身温泉疗养中心每个月有4 500美元的固定费用。

a. 在图11－2中画出这名运动爱好者的需求曲线。

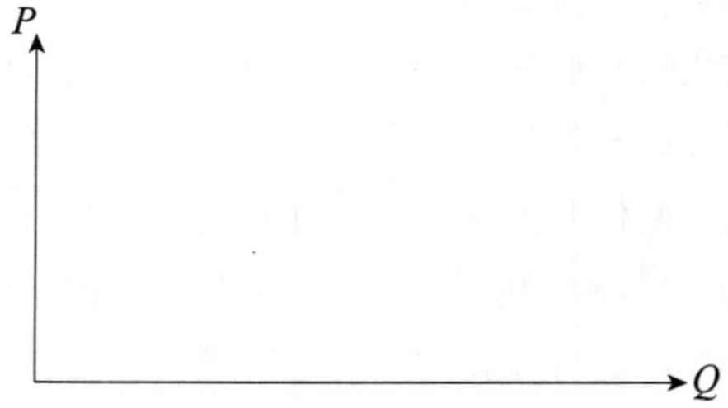

图11－2

b. 为使这名运动爱好者成为会员，健身温泉疗养中心针对他的最优定价策略是什么？

c. 健身温泉疗养中心拥有多少会员才能够盈利？

d. 这些运动爱好者每个月有多少天光顾该中心？

5. 假定组合音响的三位购买者对音响有以下估值（单位：美元）：

	CD机	录音机
消费者1	200	300
消费者2	300	200
消费者3	500	0

企业的成本为零。

a. 如果CD机售价200美元，录音机售价200美元，企业能够赚取多少？

b. 如果CD机售价400美元，录音机售价300美元，企业能够赚取多少？

c. 如果把CD机和录音机组合在一起整包销售，售价500美元，企业能够赚取多少？

d. 如果管理者了解每一位消费者的估值和特点，最优定价策略应该是什么？

6. Starway 专业生产高性能汽车。企业生产的每一辆汽车都装有欧洲工厂生产的独特的发动机，生产成本函数 $C_u(Q_e)=Q_e^2$。发动机生产出来后会被运到亚洲的工厂，进行汽车组装，然后以 $C_D(Q)=100Q$ 的成本投入市场销售。企业的汽车需求给定为 $P=500-Q$。

a. 判断 Starway 的最优产量。

b. 判断 Starway 汽车的最优价格。

c. 解释企业怎样才能使工厂管理者生产所需的发动机和汽车。

选择题和判断题

1. 假设你是一家商店的经理，以每加仑 3 美元的价格向供应商采购牛奶。如果你认为商店消费者的需求弹性是稳定的－1，那么使收益最大化的价格是（　　）。

a. 2.00 美元

b. 2.50 美元

c. 4.00 美元

d. 以上都对

2. 某垄断厂商以每单位 1 美元的边际成本生产产品，产品的需求弹性为－2。为了使利润最大化，定价应为（　　）。

a. 每单位 1 美元

b. 每单位 2 美元

c. 每单位 3 美元

d. 每单位 4 美元

3. 某垄断厂商以每单位 10 美元的边际成本进行生产，其反需求函数为 $P=60-Q$。厂商的边际收益函数是（　　）。

a. $MR=60-2Q$

b. $MR=30-Q$

c. $MR=120-Q$

d. $MR=60-0.5Q$

4. 能够让有市场势力的厂商增加利润的定价策略是（　　）。

a. 商品组合

b. 价格歧视

c. 两部定价

d. 以上都对

5. 以下表述错误的是（　　）。

a. 需求弹性越大，利润最大化的加成越高

b. 需求弹性越大，利润最大化的加成越低

c. 边际成本越高，利润最大化的价格越高

d. 平均成本越高，其他条件不变，利润越低

6. 对同一个消费者收取固定费用加上每单位购买量的费用的定价法是（　　）。

a. 价格歧视

b. 两部定价

c. 价格匹配

d. 以上都对

7. 为了使三级价格歧视成为有效增加利润的方法，必须满足的条件是（　　）。

a. 区分消费者的能力

b. 转售商品的能力

c. 明确的需求弹性

d. 以上都对

8. 消费者对四季套票（电影票）愿意支付的最高金额是100美元。如果一张电影票25美元，消费者会买2张。为了实现最大化收益，公司4张一套的电影票的定价应为（　　）。

a. 25美元

b. 50美元

c. 75美元

d. 100美元

9. 面对一包3件T恤衫，典型的消费者反需求函数为$P=10-Q$，厂商应定价（　　）。

a. 7美元

b. 21美元

c. 21.5美元

d. 25.50美元

10. 学校礼堂周末卖的电影票价格比平时高。这个例子属于（　　）。

a. 商品捆绑

b. 高峰定价

c. 价格匹配

d. 随机定价

11. 两部定价对于伯川德寡头垄断下同质产品增加利润是有作用的。（　）

12. 在厂商边际成本不同时，价格匹配策略不能增加利润。（　）

13. 两部定价导致消费者无法获得消费者剩余。（　）

14. 随机定价的目的是让消费者和竞争者少掌握关于产品价格的信息。（　）

15. 如果垄断厂商必须对所有的消费者制定单一的价格，并且价格和数量的需求弹性均为−0.5，那么垄断厂商正在生产的产量过多了。（　）

16. 垄断厂商通过对最缺乏弹性的消费群体制定更高价格的三级价格歧视实现利润最大化。（　）

17. 在垄断下，两部定价能够消除无谓损失而不是增加无谓损失。（　）

18. 价格匹配通常导致消费者得到更低的价格。（　）

19. 高峰定价被典型地运用在这样的情况下：企业面对能力约束以及一天或一周内不同时间段存在弹性波动。（　）

20. 如果每个部门经理最大化部门的利润，那么厂商的整体利润也就最大化了。（　）

第 12 章

信息经济学

重要概念

1. 随机变量 x 的均值或期望值（mean/expected value）被定义为不同的结果出现的概率乘以相应的收益的总和。如果随机变量可能的结果为 x_1，x_2，…，x_n，而结果所对应的概率为 q_1，q_2，…，q_n，则 x 的期望值为：

$$E[x]=q_1x_1+q_2x_2+\cdots+q_nx_n$$

式中，$q_1+q_2+\cdots+q_n=1$。

2. 随机变量的方差（variance）是不同结果出现的概率乘以结果与均值偏差的平方的总和。用公式表述，假如随机变量的各种可能结果为 x_1，x_2，…，x_n，相应的概率为 q_1，q_2，…，q_n，x 的期望值给定为 $E[x]$，则 x 的方差为：

$$\sigma^2=q_1(x_1-E[x])^2+q_2(x_2-E[x])^2+\cdots+q_n(x_n-E[x])^2$$

标准差（standard deviation）为方差的平方根：

$$\sigma=\sqrt{\sigma^2}=\sqrt{q_1(x_1-E[x])^2+q_2(x_2-E[x])^2+\cdots+q_n(x_n-E[x])^2}$$

3. 风险厌恶者对于确定的 M 美元的偏好胜过期望值为 M 美元的风险结果。

4. 风险偏好者偏好期望值为 M 美元的风险结果胜过确定的 M 美元。

5. 风险中性者对于期望值为 M 美元的风险结果和确定的 M 美元两者的偏好没有差别。

6. 保留价格（reservation price）R 指的是一个价格水平，消费者按照该价格购买产品与继续寻找低价是一样的。用公式表示，如果 $EB[p]$ 是寻找低于 p 的价格的期望收益，c 代表每次寻价的成本，保留价格应该满足以下条件：

$$EB[R]=c$$

7. 最优搜寻法则指消费者拒绝大于保留价格（R）的价格，接受低于保留价格的价格。当企业定价高于消费者的保留价格时，消费者继续搜寻更低的价格；当企业定价低于消费者的保留价格时，消费者停止搜寻。

8. 不对称信息存在于一些人总比另一些人拥有更充分信息的情形。

9. 当个体有隐藏特征时——在一笔经济交易中，关于某些特征的信息一方知情而另一方毫不知情，逆向选择（adverse selection）通常会增加。逆向选择会导致选择过程催生一批不良特征的人。

10. 道德风险（moral hazard）通常发生于一方当事人隐藏行为——自己知道而另一方察觉不到——进而在交易中损害另一方的利益。对此，最普遍的做法是合同任何一方需保证对方免受经济损失。在这些情形下，被保险人经常隐藏行为而使合同另一方受损。

11. 信号传递（signaling）发生在拥有信息的一方愿意向不拥有信息的一方发送有关其隐藏特征的信息时。

12. 筛选（screening）指没有信息的一方试图根据相关特征对人们进行分类。这种分类可以通过自我选择机制实现：掌握自身特征的人作出一系列选择，这些选择即向没有信息的一方显露了他们的特征。

13. 当合同的一方存在隐藏特征时，管理者与其他市场参与者可以通过信号传递和筛选减少相关问题。

14. 英式拍卖（English auction）是依次增价的拍卖，竞拍者观察其他竞拍者的标的价格，判断他们是否愿意加价。当只剩一名竞拍者时，竞拍结束，此时这名竞拍者获得拍品，支付给拍卖商相应的出价数额。

15. 第一价格密封拍卖（first-price，sealed-bid auction）是一种同时竞价的拍卖，竞拍者递交写下自己竞价的纸张。拍卖商将拍品交给出价高的竞拍者，该竞拍者支付出价数额。

16. 第二价格密封拍卖（second-price，sealed-bid auction）是一种同时竞价的拍卖，竞拍者同时递交竞拍价。拍卖商将拍品交给出价高的竞拍者，该竞拍者支付第二高的出价数额。

17. 荷兰式拍卖（Dutch auction）是依次降价的拍卖。拍卖商开始提出一个最高价，然后逐步降低价格，直到有竞拍者愿意以此价格购买拍品。

18. 荷兰式拍卖与第一价格密封拍卖在策略上是等价的，也就是说竞拍者的最优出价在这两种拍卖中是一样的。

19. 独立的个人估价（independent private values）是指一种拍卖环境，即每个竞拍者知道自己对拍品的估价，不知道其他竞拍者对拍品的估价，在这种情形下，每位竞拍者的估价都不依赖于其他竞拍者对拍品的估价。

20. 关联（相关）估价的拍卖环境必居其一：（1）竞拍者不了解自己对拍品的估价或者其他人的估价；（2）每个竞拍者都利用自己的信息来估计别人的估

价；(3) 这些价值估计都是相关的。

21. 在关联（相关）估价中，某竞拍者的估价高，其他竞拍者的估价可能更高。

22. 共同价值拍卖（common value auction）是指拍品的真实价值对于所有竞拍者都是相同的，但拍品的真实价值是未知的。每个竞拍者都根据个人的信息对拍品的真实价值作出自己的估价。

23. 在共同价值拍卖中，中标者是拍品真实价值的最优出价竞拍者。为了避免赢者诅咒，竞拍者应该根据实际情况降低其估价。

24. 在独立个人估价的英式拍卖中，竞拍者的最优竞拍策略就是拍卖过程中保持活跃，直到竞价超出自己对拍品的估价。

25. 独立个人估价的第二价格密封拍卖中，竞拍者的最优策略就是竞价等于他对拍品的估价，即占优策略。

26. 独立个人估价的第一价格密封拍卖中，竞拍者的最优策略是出价低于自己对项目的估价。如果有 n 个竞拍者且都知道估价平均（或一致）地分布在最低的可能估价 L 和最高的可能估价 H 之间，那么，自身估价为 V 的竞拍者的最优竞拍价格为：

$$b = v - \frac{v - L}{n}$$

式中，b 为竞拍者的最优竞价。

27. 在独立的个人估价中收益相等指拍卖商的期望收益在四类拍卖中是一样的。

28. 在关联估价中，拍卖商获取的期望收益大小依次为：英式拍卖，第二价格密封拍卖，第一价格密封拍卖，荷兰式拍卖。

问答题

1. 投资者有 90%的概率获得 100 美元的收入，有 10%的概率获得 200 美元的收入。

a. 计算随机变量的均值。

b. 计算方差。

2. 一个消费者想买一双网球鞋，有许多商店可供选择。消费者的问题是，他不知道每家商店网球鞋的价格，不得不在这么多家商店内搜寻（每次搜寻的成本不变)。根据图 12-1 回答下列问题。

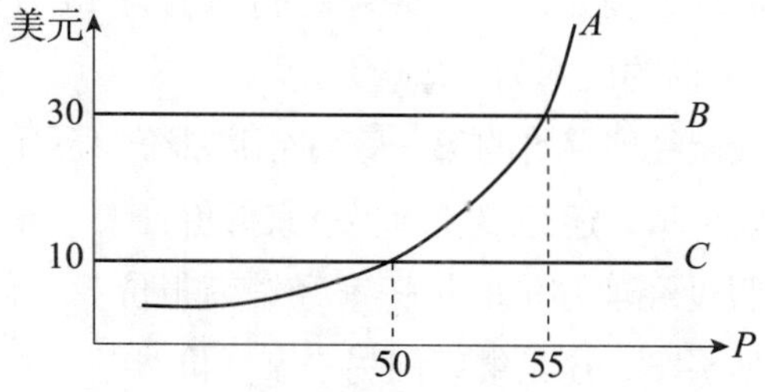

图 12-1

a. 曲线 A 表示什么？

b. 曲线 B 表示什么？

c. 曲线 C 表示什么？

d. 如果每次搜寻的成本为 10 美元，消费者的保留价格是多少？

e. 如果每次搜寻的成本为 12 美元，消费者的保留价格是多少？

f. 假设每次搜寻的成本为 10 美元。如果消费者光顾的第一家商店标价为 55 美元，消费者应该就地购买还是继续搜寻？

g. 假设每次搜寻的成本为 12 美元。如果消费者光顾的第一家商店标价为 50 美元，消费者应该就地购买还是继续搜寻？

3. 判断下列方案是否包含逆向选择或道德风险。

a. 乔快速驾驶租来的车辆。

b. 乔喜欢美食，总是光顾一家名为 All You Can Eat 的餐馆。

c. 萨姆得到一份每周 1 000 美元固定薪酬的工作，上班经常睡觉。

d. 乔决定跳槽，因为他有 12 个孩子要养活。他向当地一家为全体员工支付牙科账单的公司申请了工作。

4. 有三位竞拍者竞拍面额未知的储蓄债券的购买权。

a. 这是共同价值还是独立的个人估价情形？请解释。

b. 萨姆对于债券的个人估价是 1 000 美元。他应该用这个估价作为竞拍价吗？

5. 排列四种竞拍带给竞拍商的期望收益，假如：

a. 竞拍者风险中性，存在独立的个人估价。

b. 竞拍者风险中性，估价存在关联。

技能题

1. 一位风险中性的经理准备购买 15 辆汽车组建车队。有许多经销商愿意提供这么多辆同一款汽车，但是不同的经销商报价不同。有一半经销商对 15 辆汽车的售价为50万美元，一半经销商的售价为45万美元。经理测算自己每额外搜寻一个经销商的成本为1 000美元。

a. 假设经理寻价的第一家经销商报价45万美元。经理是在这家经销商处买车，还是继续向另一家寻价？

b. 假设经理寻价的第一家经销商报价50万美元。经理是在这家经销商处买车，还是继续向另一家寻价？

2. 天然品公司生产小麦面粉，在竞争市场中销售。管理者在了解市场价格之前就必须决定生产多少面粉。可是当面粉投放市场时，20%的可能性是市场价格为每磅2美元，80%的可能性是每磅1美元。这家厂商的成本函数为$C=0.5Q^2$。

a. 小麦面粉的预期价格是多少？

b. 厂商卖掉一单位面粉的预期边际收益是多少？

c. 厂商应该生产多少以使其利润最大化？

d. 厂商的预期利润是多少？

3. 假设你是一个有市场势力的公司经理，每单位产品以不变的边际（平均）成本1美元进行生产。有50%的可能性遇上经济衰退，有50%的可能性遇上经济繁荣。在繁荣期，你公司产品的反需求函数为$P=10-0.5Q$；在衰退期，你公司产品的反需求函数为$P=6-0.5Q$。

a. 你公司的产品是正常品还是劣等品？

b. 你公司的预期边际收益是多少？

c. 如果你是风险中性的，在知道需求之前必须设定产量，那么产量多大可以使预期利润最大化？

4. 假设你是公司经理，需要对新产品做推介。

a. 将你的新产品推向市场会遇到什么问题？为什么？

b. 假定你的新产品边际收益低于2美元，而且不是耐用品。你将怎样让消费者使用你的产品？

c. 如果你的产品是耐用品，你在问题b中建议的技巧有用吗？为什么？

d. 假设产品的边际成本为400美元，产品为耐用品。你能提出一种策略让消费者使用你的产品吗？

5. 仔细考虑竞拍者有独立的个人估价的拍卖。每个竞拍者发现估价平均地分布在10美元和50美元之间。米歇尔知道自己的估价是20美元。判断米歇尔在下列不同情形下的最优竞拍策略。

a. 有两个竞拍者的第一价格密封拍卖。

b. 有两个竞拍者的荷兰式拍卖。

c. 有两个竞拍者的第二价格密封拍卖。

选择题和判断题

根据以下信息回答问题 1 和问题 2：苏珊的搜寻成本为每次 50 美元。她想买一台大屏幕电视机，到现在为止她找到的最低价格是 1 000 美元。苏珊认为有一半的商店售价为 900 美元，一半的商店售价为 1 000 美元。

1. 她的最优选择应当是（　　）。

   a. 继续搜寻更低的价格

   b. 停止搜寻，以 1 000 美元的价格购买电视机

   c. a 或 b 都可以，因为两者间没有差异

   d. 以上都不对

2. 如果苏珊的搜寻成本下降到每次 10 美元，那么她应当（　　）。

   a. 减少搜寻

   b. 放弃买电视机

   c. 增加搜寻

   d. 以上都不对

3. 蒂姆面对两种赌注：赌注 A，20%的可能性获得 20 美元，50%的可能性损失 50 美元；赌注 B，获得 10 美元和损失 9 美元的可能性各为 50%。蒂姆对赌注 A 的偏好胜过赌注 B。据此可以得出结论（　　）。

   a. 蒂姆是风险偏好者

   b. 蒂姆是风险中性者

   c. 蒂姆是风险厌恶者

   d. 信息不充分，无法做结论

4. 以下表述正确的是（　　）。

   a. 经济中信息起着重要的作用

   b. 不对称信息通常会增强市场机制的作用

   c. 对于卖方而言，所有拍卖获得相同的期望收益

   d. 以上都不对

5. 以下表述正确的是（　　）。

   a. 荷兰式拍卖和第一价格密封拍卖在策略上是等价的

   b. 艺术品拍卖是典型的共同价值拍卖

   c. 具有独立的个人估价时，英式拍卖比第二价格密封拍卖获得更高的期望收益

   d. 以上都对

6. 以下可以缓解信息不对称问题的是（　　）。

a. 逆向选择

b. 信号传递

c. 道德风险

d. 以上都不对

7. 总的说来，消费者在搜寻成本（　　）时，就不会再花时间搜寻更低价格的产品了。

a. 上升

b. 下降

c. 保持不变

d. 以上都不对

8. 不同概率 q_i 下产生不同的价值 x_i，随机变量 x 的均值的公式为（　　）。

a. $E_x = q_1x_1 + q_2x_2 + \cdots + q_nx_n$

b. $E_x = (E\sqrt{x})^2$

c. $\sigma^2 = q_1(x_1 - E[x])^2 + q_2(x_2 - E[x])^2 + \cdots + q_n(x_n - E[x])^2$

d. 以上都不对

9. 为了减少道德风险的不良影响，保险公司会（　　）。

a. 设定免赔额

b. 根据客户的历史将其划分为若干类型

c. 对于确有不良记录的人拒绝续保

d. 以上都不对

10. 具有独立个人估价的第二价格密封拍卖中，对于估价为20美元的竞拍者，其最优竞拍价是（　　）。

a. 20美元

b. 低于20美元

c. 高于20美元

d. 以上都不对

11. 风险中性的竞争企业在其知道确切的价格之前必须确定产量，在预期产值等于边际成本处进行生产，实现利润最大化。（　　）

12. 出现信息不对称的情形下，市场机制会被破坏。（　　）

13. 逆向选择发生于购买人身保险后一些人抽烟更凶的情形。（　　）

14. 风险中性者有时下赌注，即使他们有预期，从客观上讲，这么做还是会损失金钱。（　　）

15. 保险市场面对的状况证明一些人是风险厌恶者。（　　）

16. 一个人在购买了汽车保险后，通常不会再与从前一样小心呵护汽车。这是道德风险的一个例子。（　　）

17. 有了不良驾驶记录的人发现购买汽车保险很困难，因为保险公司担心如果提高保险费率会发生道德风险。 （ ）

18. 为了避免赢者诅咒，共同价值拍卖中的竞拍者应该下调自己关于拍品的个人估价。 （ ）

19. 在独立的个人估价下，竞拍者需要规避赢者诅咒。 （ ）

20. 在需求不确定时，垄断厂商可以最大化预期利润，而完全竞争厂商只能最小化成本。 （ ）

第 13 章

企业策略

重要概念

1. 为了限制进入定价，在位企业的产量应该超出其垄断产量，以使潜在进入市场的企业无利可图。

2. 如果一个潜在进入者认为自己进入市场后，在位企业将继续保持原有产量，那么对于进入者产品的有效需求就只是市场总需求减去在位企业的产量，两者的差就是进入者的剩余需求曲线。

3. 如果进入企业的剩余曲线位于平均成本曲线下方，则进入无利可图。

4. 将限制进入定价作为阻止进入的策略，会存在问题：一旦进入发生，在位企业通常不再有动力维持进入前的产量。

5. 为了有效阻止进入，在位企业有必要采取一些行动来降低进入者进入市场后的利润。可以通过在位企业的承诺、学习曲线效应、不完全信息或声誉效应等实现。

6. 生产历史悠久的企业比没有经验或只有很少经验的企业拥有更多的生产经验，生产更有效率。这称为学习曲线效应 (learning curve effects)。学习曲线效应把进入前的价格和进入后的利润挂钩，使得在位企业可以利用限制进入定价来阻止新企业的进入。

7. 进入前的价格或者利润从某种程度上讲是一种信号，这种信号使潜在进入者识别获利机会的成本降低，于是在位企业可能会伪造进入前的价格和进入后的利润的联系。限制进入定价就向潜在进入者“隐瞒”了有关的利润信息，从而推迟甚至完全阻止进入（完全阻止比较少见），其阻止能力取决于潜在进入者从其他渠道获取信息的成本。

8. 在无限重复博弈中，触发策略将参与者的历史行为与未来收益相联系。在进入决策中，这种声誉效应可以将进入前的价格与进入后的利润相联系。

9. 尽管在位企业可以伪造进入前的价格和进入后的利润之间的关系来阻止进入，但有时允许进入也可能增加利润。

10. π^L 表示限制进入定价下的利润，π^D 表示进入后上升的寡头利润，π^M 表示垄断利润，利息水平记作 i。则限制进入定价作为能够盈利的必要条件为：

$$\frac{\pi^L-\pi^D}{i}>\pi^L-\pi^D$$

11. 限制进入定价在以下情形下显然更具吸引力：(1) 利率较低；(2) 限制进入定价下的利润与垄断价格下的利润相近；(3) 寡头利润明显低于限制进入定价下的利润。

12. 当一家企业为了把竞争对手赶出市场，把价格设定在边际成本以下时，就产生了掠夺性定价（predatory pricing）。

13. 掠夺性定价不仅有损“猎物”，而且有损“掠夺者”，该策略成功的关键在于：“掠夺者”是否比“猎物”更“健壮”。发起掠夺性定价的企业必须比“猎物”有“更深的口袋”(更多的财务资源)，这样才能战胜竞争对手。

14. 掠夺性定价容易被起诉违反了《谢尔曼法》，但在法庭上对掠夺性定价往往难以取证。

15. 永远牢记，任何单纯通过消除竞争对手迅速提升企业利润的商业策略都有可能导致你的企业被一家或几家反垄断部门起诉。

16. 管理者在改变商业环境时还可采取另一种方法，即提高竞争对手的成本。通过增加竞争对手的成本，可以改变竞争对手的决策动机，最终影响其价格、产量以及进入决策。

17. 纵向圈定（vertical foreclosure）是一种提高竞争对手成本的极端策略，通常在企业控制关键的上游投入品以规避下游市场竞争时采用。

18. 某些时候纵向圈定是可以盈利的，但有时无效。

19. 价格-成本挤压（price-cost squeeze）发生于纵向一体化企业在提高竞争对手成本的同时维持最终产品的价格不变甚至降低价格的情形。这就挤压了下游竞争对手的获利空间。

20. 掠夺性定价、限制进入定价的盈利能力和提高竞争对手成本的能力取决于这些策略的相关收益和成本。如果掠夺者能够在其众多消费者中有效实现价格歧视，以上策略会更受欢迎。

21. 先动优势是指企业在其竞争对手作出决策之前先作出决策，从而获得更高的回报。第 9 章介绍的斯塔克博格寡头垄断模型就是先动优势的典型例子。

22. 率先进入市场并不必然带来优势，有时后动优势可能更强。

23. 许多行业（如航空、电力以及网络拍卖等）存在网络效应，这使得在位企业形成潜在进入者难以克服的先动优势。

24. 网络由地理上或经济空间中不同的点（节点）相互连接而成。最简单的网络是单向网络。在单向网络中，服务单向流动。

25. 在双向网络（如电话系统、电子邮件或互联网，包括即时信息）中，网络对于每个客户的价值与用户规模直接相关。

26. 双向网络显示出正的外部性特征，这称为直接网络外部性（direct network externality)：随着网络用户数量（网络规模）的扩大，网络所带来的每单位服务的价值也在增加。

27. 连接 n 个用户的双向网络提供了 $n(n-1)$ 种潜在的连接服务。当一个新用户加入这个网络，会为整个网络增加 $2n$ 种潜在的连接服务，所有的现有用户会直接从中受益。

28. 间接网络外部性（indirect network externality）也称网络互补性，源于对特定网络的使用的增加。双向网络和单向网络都会产生网络互补性。互联网的发展催生了大批互补性产品和服务，如电话会议软件。

29. 网络中可能出现负的外部性，例如瓶颈。随着网络规模的扩大，最终会达到临界点——现有基础设施无法容纳更多的用户。

30. 由于网络外部性的存在，新网络想取代现有网络或者与现有网络展开竞争都非常困难，即使新网络在技术上领先于现有网络。

31. 克服“锁定”的一个策略是渗透定价（penetration pricing)。在这种策略下，新产品或服务的最初定价非常低，免费赠送，甚至向消费者付钱，来吸引潜在用户使用自己的产品，从而获得尽可能多的用户。

问答题

1. 列举本章探讨的管理者可以减少竞争对手的四种策略。

2. 列举管理者成功阻止潜在进入者经由限制定价进入市场、伪造进入前价格和进入后利润关系的四种方法。

3. 根据图 13－1 所示内容回答下列问题。

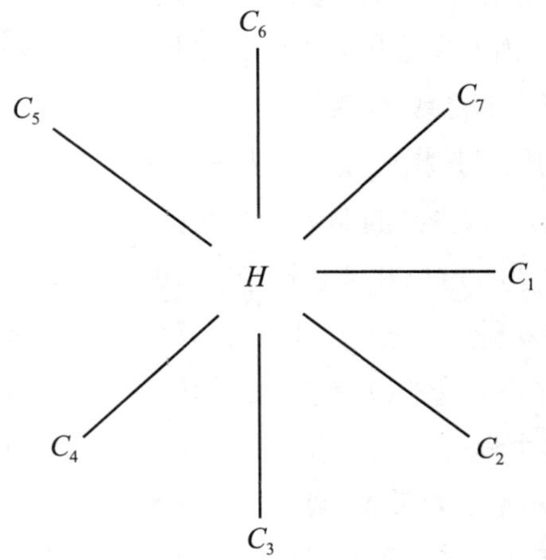

图 13－1

a. 经济学家将这种网络称为什么？

b. 点 H 代表什么？

c. C_1 到 C_7 各自的含义是什么？

d. 在图中有多少种潜在的连接服务被创造出来？

4. 图 13－2 中的点 A 显示的是古诺双寡头垄断模型的均衡。

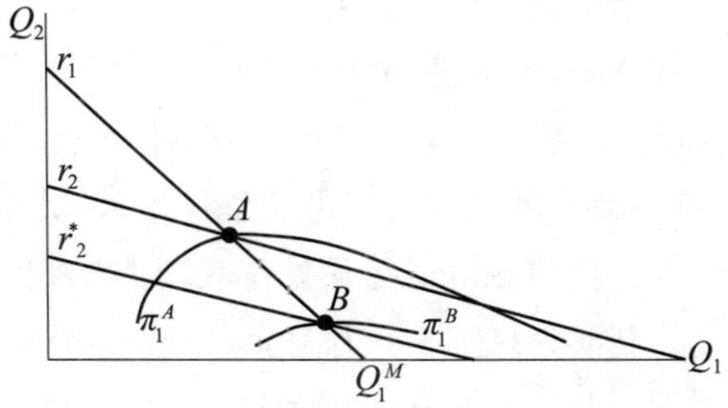

图 13－2

a. 如果均衡点由 A 移到 B 处，厂商 2 的状况是改善还是恶化？

b. 如果均衡点由 A 移到 B 处，厂商 1 的状况是改善还是恶化？

c. 假设你是厂商 1 的管理者，为了扩大市场份额，想把均衡点由 A 移到 B 处。确定一种策略，既可以扩大市场份额，又可以增加公司利润。

5. 根据图 13－3 所示的一次性博弈，回答下列问题。

		博弈方B	
	策略	左	右
博弈方A	上	100,-100	-100,-200
	下	200,30	-20,1 000

图 13－3

a. 在同时行动博弈中博弈方 A 的最佳策略是什么？

b. 在同时行动博弈中博弈方 B 的最佳策略是什么？

c. 在同时行动博弈中博弈方 A 的均衡收益是多少？

技能题

1. 重新审视图 13－3 中的正则形式博弈。

a. 运用延展形式博弈说明博弈方 A 通过先动优势获得更高收益的情形。

b. 列举博弈方 A 为了实现更大收益必须做的两件事情。

2. Monopoly 公司是相关市场中唯一一家厂商。现在每年的利润为 100 万美元，产品定价为40美元，以优于20美元的边际成本生产。不过该公司管理者正为一家新企业即将进入担忧，因为这样会使Monopoly每年减少约50万美元的利润。如果Monopoly公司扩大产量、维持25美元的较低价格，进入者将被阻止在市场外，而Monopoly公司在未知的将来每年盈利80万美元。管理者纠结于当前的选择。

a. 管理者应该考虑什么定价策略？

b. 如果Monopoly公司能够维持25美元的价格，可以盈利吗？

3. Simon公司专业化生产某种完全单位弹性的产品。假设它是市场中唯一一家厂商，在不确定的未来每年可以盈利2 000万美元，产品的垄断价格为每单位20美元。不过目前Simon公司处在双寡头垄断的市场形势下，产品价格为每单位15美元，利润为每年500万美元。Simon公司的管理者准备把单位产品价格降至10美元，并保持一年，因为这么做就会把自己唯一的竞争对手赶出市场。一旦竞争对手退出，Simon公司就能够保持垄断的市场地位。不过在价格降至10美元的一年中，由于边际成本是每单位13美元，Simon公司将损失40万美元。

a. 管理者应该考虑什么定价策略？

b. 忽略法律方面的限制，这个定价策略能够盈利吗？假设利率是3%，简单解释当期利润或损失会马上（年初）发生的理由。

4. 假设你是证券分析师，正在对一家网络公司进行评估。公司产品是一个基本的拥有10 000个节点的双向网络。在网络中每个连接服务价值100美元。请估计公司的总价值。

5. 假设你是一家企业的所有者，已经建设一个网络并且优于现有双向网络。你想转换的网络目前连接10个用户，每个接受网络连接服务的用户都愿意为此支付10万美元。你很确信在你的双向网络中每个用户对连接服务的估价平均为20万美元。

a. 现有网络可以对其服务的每个用户制定的最高价格是多少？

b. 制定一个定价策略，可以使你的企业克服现有网络中存在的先动优势。

选择题和判断题

1. 对于限制进入定价，为了有效阻止进入，(　　)。

a. 进入者必须努力进入市场

b. 在位企业必须把进入前的价格和进入后的利润挂钩

c. 在位企业必须有不完全信息

d. 以上都不对

2. 以下表述正确的是（ ）。

a. 学习曲线效应有可能使在位企业比潜在进入者以更低的成本进行生产

b. 一个企业不可能从提高行业中所有企业成本（包括自己的成本）的策略中获益

c. 掠夺性定价是典型的在法庭上易于取证的例子

d. 以上都对

3. 网络的例子是（ ）。

a. 互联网

b. 航空

c. 铁路

d. 以上都对

4. 厂商 1 和厂商 2 是古诺双寡头垄断，如果厂商 1 采取增加厂商 2 边际成本的策略，则（ ）。

a. 厂商 2 将减少产量

b. 厂商 1 将获得市场份额

c. 厂商 1 将获得更高的利润

d. 以上都对

5. 连接 3 个用户的一个双向网络可以创造的潜在的网络连接为（ ）。

a. 3 个

b. 4 个

c. 5 个

d. 6 个

6. 以下表述正确的是（ ）。

a. 限制进入定价总是比允许进入更能获利

b. 掠夺性定价比允许现有企业保留在市场中更能获利

c. 成为先动者总是最有利的

d. 以上都不对

7. 网络外部性（ ）。

a. 可以是直接的

b. 可以是间接的

c. 可以是负的

d. 以上都对

8. 可以使企业克服先动优势的策略是（ ）。

a. 掠夺性定价

b. 限制进入定价

c. 渗透定价

d. 以上都不对

9. 假设反市场需求函数为 $P=10-Q$。如果在位企业的产量是4单位，最能够反映潜在进入者的剩余需求曲线的等式是（　　）。

a. $P=10-Q$

b. $P=4-Q$

c. $P=6-Q$

d. $P=10-4Q$

10. 连接4个用户的双向网络（　　）。

a. 其价值通常是连接2个用户的网络的两倍

b. 其价值通常小于连接2个用户的网络的两倍

c. 其价值通常大于连接2个用户的网络的两倍

d. 产生瓶颈的可能性通常比连接2个用户的网络小

11. 通常，对于作为一个整体的现有用户双向网络，当额外增加一个用户时，要比一个新用户加入网络更有利可图。（　　）

12. 为了消除“锁定”带来的僵局，对于企业而言最好是低于成本出售产品，以便在市场中获得立足点。这种定价策略就叫掠夺性定价。（　　）

13. 有时一家企业后动要比先动获得更高的利润。（　　）

14. 因为掠夺定价有时不仅损害“猎物”，而且损害“掠夺者”，所以为了比竞争者活得更久，企业采取掠夺性定价策略时必须比“猎物”有“更深的口袋”。（　　）

15. 提高竞争对手成本的一个极端策略是纵向圈定，发生于控制必需的上游投入品的企业拒绝卖给下游其他企业所需投入品的情形。（　　）

16. 掠夺性定价、限制进入定价和提高竞争对手成本的盈利性低于采取有效价格歧视的渗透定价。（　　）

17. 如果进入者的剩余需求曲线位于平均成本曲线之上，进入无利可图。（　　）

18. 当潜在进入者对在位企业的成本和利润的认知信息不全面时，在位企业成功限制进入价格的难度更大。（　　）

19. 瓶颈的作用在单向网络和双向网络中都会上升。（　　）

20. 节点是网络负外部性的特殊形式。（　　）

第 14 章
市场与政府规制

重要概念

1. 自由市场无法提供社会有效产出的四个原因是：

a. 市场势力。

b. 外部性。

c. 公共物品。

d. 不完全信息。

2. 拥有市场势力的企业总是以产品价格超过边际成本的水平进行生产。

3. 对管理者而言，反托拉斯政策（antitrust policy）通过规制诸如固定价格协议和其他合谋行为等来减少垄断造成的无谓损失。

4. 在 1984 年的并购准则（1997 年修订）中，如果有以下情形，并购可以被质疑：

a. 一个行业的 HHI 指数大于 1 800，或者合并后依然如此。

b. HHI 指数在 1 000～1 800 之间，并购即被慎重审查。

5. 当存在非常大的规模经济时，由一家企业向市场提供服务是允许的。这种情形下，政府通常会允许一家企业垄断市场，但会管制企业的定价以减少无谓损失。

6. 美国司法部反托拉斯局（DOJ）和联邦贸易委员会（FTC）是反托拉斯法的执行机构。

7. 1976 年的《哈特-斯科特-罗迪诺反托拉斯改进法》要求：当并购金额超过一定数额时，并购当事方必须向 DOJ 和 FTC 报告并购意图。

8. 在某些产品的生产过程中，一些没有参与生产或消费过程的人也要付出成本。这种外部成本称为负外部性（negative externalities）。

9. 当存在外部性时，市场通常不能提供有效的产量。

10.《清洁空气法》使得企业将排污成本内部化，企业对每单位的排污都要支付费用。这就提高了每家企业的边际成本，导致企业产出降低从而减少市场供给。

11. 如果某产品被一个消费者消费的同时并不妨碍别人消费，那么该产品的消费属于非竞争性消费。

12. 如果某产品或服务一旦被提供，没有人被排除在消费之外，那么该产品或服务的消费属于非排他性消费。

13. 具有非竞争性和非排他性的物品称为公共物品（public goods）。

14. 政府的政策通常会牺牲一部分人的利益来保护另一部分人的利益，因此有些游说者会花大量金钱和时间来影响政府政策。这个过程称为寻租（rent seeking）。

15. 配额（quota）的目的在于限制外国竞争者所生产的产品进入本国的数量。这会减少国内市场的竞争，但会给国内市场带来更高的价格、更大的利润，同时也减少国内的消费者剩余。

16. 关税同配额一样，也是政府用来限制外国企业参与本国市场竞争的一种策略。关税使国内生产者受益，却使国内消费者和外国生产者受损。

17. 总量关税（lump-sum tariff）是一笔固定费用，是外国企业为了在某国市场上销售产品而必须向该国政府交纳的固定费用。

18. 从量（货物）关税（per-unit excise tariff）是本国进口商为其进口的每单位产品向政府支付的相应费用。

19. 总量关税不能使外国生产商的边际成本曲线向上移动，却减少了外国厂商的利润。总量关税过高，会导致外国厂商退出国内市场，最终只能使本国生产商受益。

20. 从量关税使外国厂商的边际成本曲线向上移动到关税总金额处，相应地减少了外国厂商的供给。

问答题

1. 列举市场失灵的四个原因并解释是怎样导致市场失灵的。

2. 解释政府试图消除市场势力的两种方法。

3. 列举政府试图消除信息不完全问题的五种方法。

4. 根据图 14 - 1 回答下列问题。

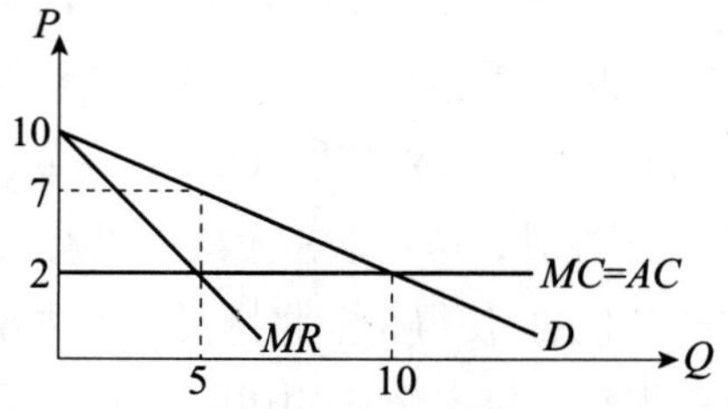

图 14 - 1

a. 这个垄断的无谓损失是多少？

b. 假设政府规定最高限价是 2 美元，将对无谓损失产生什么影响？

c. 垄断厂商倾向于花费多少以规避价格管制？

d. 因为价格管制，消费者倾向于花多少钱走后门？

e. 假设市场中有 1 000 个消费者，如果存在价格管制，每个消费者平均获得多少？

f. 假设市场中有 1 000 个消费者，你认为垄断厂商或消费者努力寻租有可能成功吗？

5. 根据图 14－2 回答下列问题。

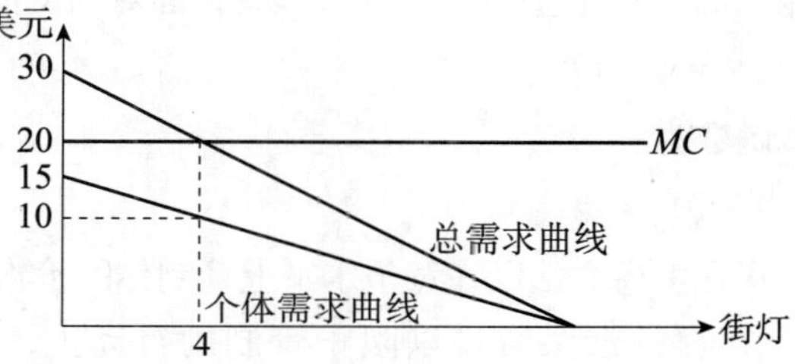

图 14－2

a. 有多少个人消费公共物品？

b. 提供 4 盏街灯花费多少钱？

c. 单独一个消费者愿意为街灯付费吗？

d. 街灯的社会有效数量是多少？

e. 每个消费者愿意为社会有效数量的街灯支付多少钱？

f. 如果提供了街灯的有效数量，要求每个消费者支付了有效数量的费用，那么每个消费者获得的消费者剩余是多少？

技能题

1. 假设生产钢铁的外部边际成本为：

$$MC_{外部} = 2Q$$

内部边际成本为：

$$MC_{内部} = Q$$

再假设钢铁的反需求函数给定为：

$$P = 10 - Q$$

a. 社会有效产量水平是多少？

b. 一个竞争行业的产量是多少？

2. 某小镇有 4 户居民，他们希望获得更强的警务力量。每个居民户对于警务力量的反需求函数是：

$$P = 10 - Q$$

式中，Q 为警察工作的小时数。雇用一名警察每小时的边际成本为 20 美元。

a. 你认为警察的服务是公共物品吗？为什么？

b. 警察服务的总需求是多少？

c. 警察服务的社会有效小时数是多少？

d. 为了获得有效数量的服务，每个居民户应该为警察每小时的服务支付多少钱？

3. 假设你是一家垄断厂商的管理者，面对的反需求函数为：

$$P = 5 - Q$$

成本函数为：

$$C(Q) = Q$$

政府正在考虑立法以在竞争水平上管制你的价格。

a. 在进行合法游说以阻止管制的行动上，你愿意支付的最大金额是多少？

b. 所有的消费者加在一起，愿意为阻止管制支付多少钱？

4. 假设国内厂商某产品的供给函数为：

$$Q^{SD} = 10 + P$$

国外厂商的供给函数为：

$$Q^{SF} = 10 + P$$

该产品的国内需求函数给定为：

$$Q^d = 30 - P$$

a. 找出国内市场该产品的总供给等式。

b. 产品的均衡价格是多少？

c. 假设强加给外国厂商一单位的配额。找出配额下的均衡价格。

5. 根据图 14－3 回答下列问题。假设市场的初始均衡状态在点 A 处，国内总需求等于外国厂商和国内厂商供给的总和。

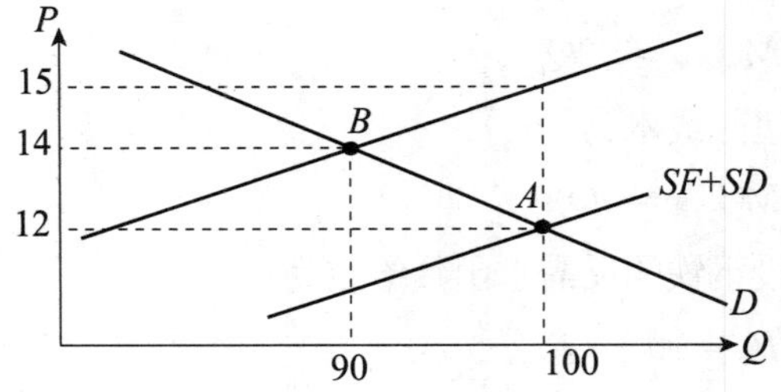

图 14－3

a. 国内市场的均衡价格是多少？

b. 国内市场的均衡数量是多少？

c. 如果对国外厂商的产品每单位加征 3 美元的关税，均衡价格会发生什么变化？

d. 如果对国外厂商的产品每单位加征 3 美元的关税，均衡数量会发生什么变化？

e. 国内消费者因为关税获益了吗？

f. 国内厂商因为关税获益了吗？

选择题和判断题

1. 在自由市场社会中，政府应该扮演的角色是（　　）。

a. 增加负外部性

b. 加强寻租行为

c. 减少市场势力

d. 以上都不对

2. 在生产中出现负外部性时，以下对市场的表述正确的是（　　）。

a. 竞争厂商的产量大于有效产量水平

b. 厂商不支付生产的外部成本，社会福利增加

c. 垄断厂商有可能提供社会有效产量

d. 以上都对

3. 以下不是公共物品的是（　　）。

a. 国防

b. 街灯

c. 有线电视

d. 以上都对

4. 当政府对外国进口产品征收总量关税时（　　）。

a. 边际成本向上移到关税总量处

b. 外国厂商的利润下降

c. 以上都对

d. 以上都不对

5. 没有价格管制，拥有市场势力的企业的产品定价（　　）。

a. 小于 MC

b. 大于 MR

c. 大于 MC

d. b 和 c

6. 关于垄断的表述正确的是（　　）。

a. 垄断厂商总是获得正的利润

b. 对于垄断厂商的最高限价总是减少其产量

c. 对于垄断厂商的最高限价总是增加其产量

d. 以上都不对

7. 生产具有负的外部性，那么内部边际成本（　　）。

a. 大于社会边际成本

b. 大于外部边际成本

c. 小于社会边际成本

d. 小于外部边际成本

8. 厂商在生产中具有稳定的边际成本 2 美元，稳定的内部成本 1 美元。当厂商面对的反需求函数为 $P=10-Q$ 时，其社会有效产量水平是（　　）。

a. 2

b. 7

c. 8

d. 9

9. 某产品的国内需求函数为$Q^d=40-P$，国内企业的供给函数为$Q^{SD}=3P$，外国企业的供给函数为$Q^{SF}=10P$。该产品国内市场的总供给函数是（　　）。

a. $Q=3P$

b. $Q=7P$

c. $Q=13P$

d. $Q=30P$

10. 强加给垄断厂商的最高限价可能导致商品短缺。（　　）

11. 通常，消费者作为一个整体将因管制垄断厂商的价格获益而非受损。（　　）

12. 为了减少垄断带来的无效性，政府可以简单地以竞争水平管制价格，除非价格低于平均总成本（ATC）。（　　）

13. 如果政府在低于垄断厂商平均成本曲线下方设定管制价格，那么从长期来看，垄断厂商将会停产，除非获得政府补贴。（　　）

14. 外部边际成本测度了生产某产品的社会成本。（　　）

15. 出现生产外部性时，社会边际成本等于内外部边际成本之和。（　　）

16. 自由市场通常无法提供有效数量的公共物品。（　　）

17. 通常，加征在外国进口产品上的从量关税会使国内消费者购买的该产品

的价格上升。（　　）

18. 禁止内幕交易的法律用来消除证券市场的公共物品问题。（　　）

19. 搭便车问题是指个人没有动力支付公共物品的供应费用。（　　）

20. 寻租是指消费者在被内部人控制的市场中试图支付较低的居住成本。（　　）

参考答案

第 1 章

问答题

1. a. 明确目标和约束条件。

   b. 识别利润的性质和重要性。

   c. 理解激励。

   d. 把握市场。

   e. 认识货币的时间价值。

   f. 运用边际分析法。

2. 15 000 美元。乔上大学的机会成本包括显性成本（5 000 美元学费）加上隐性成本（10 000 美元，即放弃下一个最好的选择的成本）。换言之，选择上大学就意味着乔放弃了花费 5 000 美元购买其他的商品和服务，还放弃了收入为 10 000 美元的工作。注意，4 000 美元与机会成本没有关系，因为他不可能同时做两份工作；真正的隐性成本是指互相排斥的选择中最好的那个。

3. a. 消费者—消费者竞争。

   b. 消费者—生产者竞争。

   c. 生产者—生产者竞争。

4. a. 消费者—消费者竞争。

   b. 消费者—生产者竞争。

5. a. 现值的公式为：

$$PV = \frac{FV}{(1+i)^n}$$

   b. 现值减少。

   c. 现值减少。

   d. 现值增加。

6. 为了实现净收益最大化，管理者继续增加管理控制变量的使用量直至边际收益等于边际成本。

7. 五力模型如图 1A-1 所示：

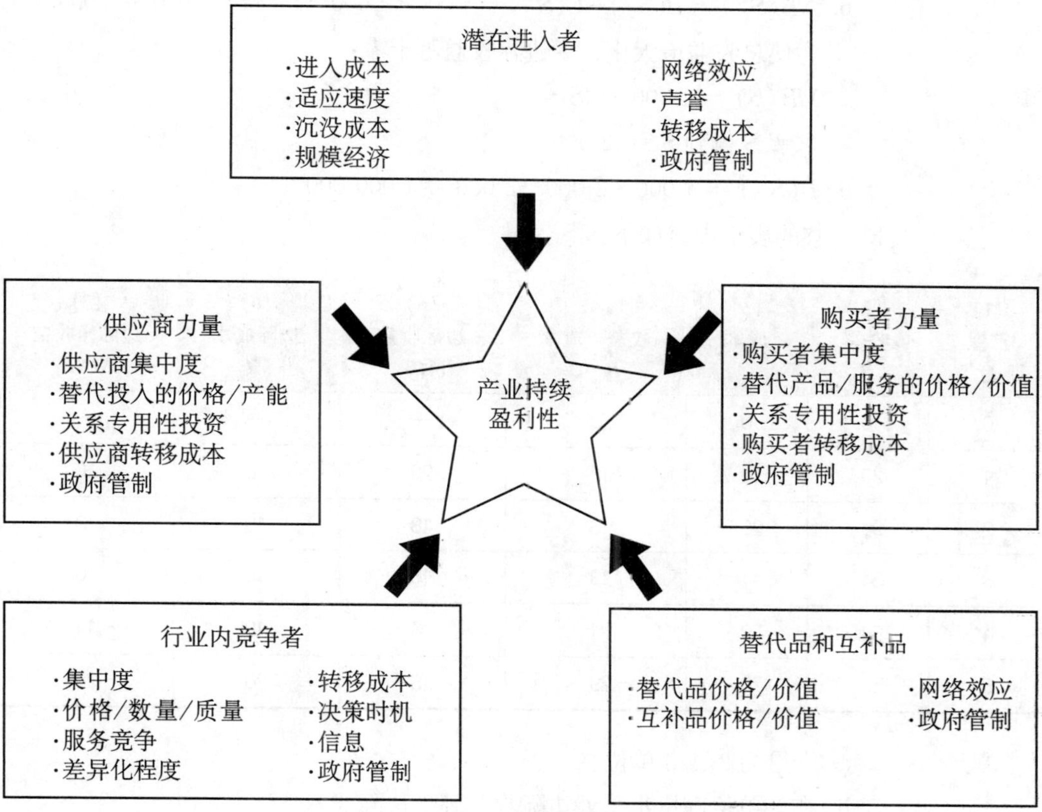

图 1A-1

技能题

1. 若购买复印机，公司可在第一年节省 20 000 美元，第二年节省 20 000 美元，第三年节省 15 000 美元（节省的 10 000 美元加上卖旧复印机的 5 000 美元），所以购买复印机带来的收益的现值为：

$$PV=\frac{20\ 000}{1.05}+\frac{20\ 000}{1.05^2}+\frac{15\ 000}{1.05^3}=50\ 145.77(\text{美元})$$

因为这个现值超过了复印机的成本（5 000 美元），为了实现利润最大化，管理者应该购买复印机而不是以 5%的利率进行投资。也就是说，净现值为正：$NPV=PV-C_0=50\ 145.77-50\ 000=145.77$ 美元。

2. 公司的现值为：

$$PV_{\text{公司}}=\pi\left(\frac{1+i}{i-g}\right)=1\ 000\times\left(\frac{1+0.06}{0.06-0.03}\right)=1\ 000\times 35.333\ 33$$
$$=35\ 333.33(\text{美元})$$

3. a. 让 MB 等于 MC，得到 $4\ 000-2S=2S$，解这个等式，得到的 S 表明要实现净收益最大化，需要增加仓储空间 $S^*=1\ 000$ 平方英尺。

   b. $NB(S^*)=B(S^*)-C(S^*)=4\ 000\times1\ 000-1\ 000^2-1\ 000^2=2\ 000\ 000$。

   c. 为使总收益最大化，令边际收益等于零：

   $MB(S)=4\ 000-2S=0$

   求解 S 得到 $S^*=2\ 000$。

   d. $B(S^*)=4\ 000\times2\ 000-2\ 000^2=4\ 000\ 000$。

4. 完整的表格内容如下：

(1) 产量 Q	(2) 收益 B	(3) 成本 C	(4) 收益－成本 $B-C$	(5) 边际收益 MB	(6) 边际成本 MC	(7) 边际净收益 MNB
0	0	0	0	—	—	—
1	20	10	10	20	10	10
2	38	25	13	18	15	3
3	54	41	13	16	16	0
4	58	59	−1	4	18	−14
5	50	79	−29	−8	20	−28

   a. 产量为 2 或 3 单位。

   b. 在 3 单位产量水平处边际收益等于边际成本。

   c. 公司生产 4 单位，亏损 100 万美元。

   d. 不为零。这是因为管理控制变量是不相关的、不可持续的。

5. a. 令 MB 等于 MC，得到 $8\ 000-6Q=2Q$。求解 Q 得到 $Q^*=1\ 000$。

   b. 在这种情况下，边际收益就是单纯的边际收益。因为 $Q^*=1\ 000$，于是有 $MB(Q^*)=8\ 000-6\times1\ 000=2\ 000$。

   c. 在这种情况下，利润最大化，即

   $B(Q^*)-C(Q^*)=8\ 000\times1\ 000-3\times1\ 000^2-1\ 000^2=4\ 000\ 000$(美元)

6. a. 总成本。

   b. 总收益。

   c. 边际成本。

   d. 边际收益。

   e. 50 个单位的净收益。

   f. 4。因为曲线 D 的斜率是 $(400-200)/50=4$。

   g. 40。因为在 50 单位产量下 $MB=MC$，由问题 f 的答案得知 $MB=4$，所以曲线 C 的斜率一定是 4，即 $F/(50-40)=4$，解得 $F=40$。

h. 400－40＝360。

i. 0。

7. a. 完整的表格内容如下（单位：美元）：

	当前状况	如果购买系统	增加的收益和成本
总收益	100 000	101 000	1 000
变动成本	40 000	30 000	(10 000)
直接固定成本	50 000	59 000	9 000
间接固定成本	10 000	10 000	0
利润	0	2 000	2 000

b. 你应该购买新的计算机系统，因为增量收益 1 000 美元大于增量成本－1 000 美元，也就是说，你购买新的系统后会减少 1 000 美元的成本，你还能创造额外 1 000 美元的收益，使得总收益增加 2 000 美元。

选择题和判断题

1. b
2. a
3. a
4. c
5. b
6. c
7. a
8. d
9. c
10. a
11. d
12. a
13. a
14. 正确
15. 错误；$MNB=0$，所以斜率为负
16. 错误；净收益最大化
17. 错误；最好的方法是做题！
18. 错误；现值更低

19. 正确
20. 错误；应为正

第2章

问答题

1. 需求量变动是同一条需求曲线上的移动，是由商品价格变化引起的；需求变动则是整条需求曲线的平移，是由其他需求变量的变化引起的。

2. a. 消费者收入。收入的增加（减少）会引起正常品的需求曲线向右（向左）平移。
   b. 相关商品价格。替代品价格上升（下降）会引起需求曲线向右（向左）平移。
   c. 广告和消费者偏好。消费者购买某商品意愿的增强会引起需求曲线向右平移。
   d. 人口。总的来说，人口规模的增加将引起需求曲线向右平移。
   e. 消费者预期。预期商品价格上升（下降）将引起该商品当前的需求曲线向右（向左）平移。

3. 消费者剩余是指消费者为得到一种商品愿意支付但无须支付的那部分价值。

4. 供给量变动是同一条供给曲线上的移动，是由商品价格变化引起的；供给变动则是整条供给曲线的平移，是由其他供给因素的变化引起的。

5. a. 投入品价格。更高（更低）的投入价格引起供给曲线向右（向左）平移。
   b. 技术或政策法规。技术进步或政府管制减少引起供给曲线向右平移。
   c. 厂商数目。竞争市场中厂商数目的增加（减少）会引起供给曲线向右（向左）平移。
   d. 货物税和从价税。这些税收的上升（下降）会减少（增加）供给。货物税是从量税，会使供给曲线由于税收总额的上升而向上移动；从价税是比例税，会使供给曲线向左旋转（曲线更陡峭）。
   e. 生产者预期。如果厂商预期未来价格更高（更低），那么当期的供给就会增加（减少）。

6. 生产者剩余是指生产者获得的超出意愿所得的价值。

7. 自由市场中可提供的商品数量及其价格是由供给和需求因素决定的。

8. a. 最高限价指市场上所允许的最高合法价格。

b. 有效的最高限价是人为制定低价，所以会导致供给量减少而需求量增加，其结果就是产品短缺。

9. a. 最低限价指市场上所允许的最低合法价格。

b. 有效的最低限价是人为制定高价，所以会导致供给量增加而需求量减少，其结果就是产品过剩。

10. a. A。

b. B。

c. 5。

d. 5。

e. 12.5，即 1/2×5×(10－5)。

f. 12.5，即 1/2×5×(5－0)。

g. 8。

h. 2。

i. 6。

j. 8。

k. 2。

l. 8。

m. 6。

11. a. 如图 2A－1 所示，初始均衡点在点 A 处。

b. 由于花生是劣等品，在经济衰退期收入下降，将会引起需求曲线向右平移，导致新的均衡点 B 出现，如图 2－3 所示。

c. 花生歉收将导致供给曲线向左平移。不管向左平移多远（点 C 或点 D），新的均衡价格水平总是更高，如图 2－3 所示。数量有可能上升，有可能下降，也有可能维持不变。

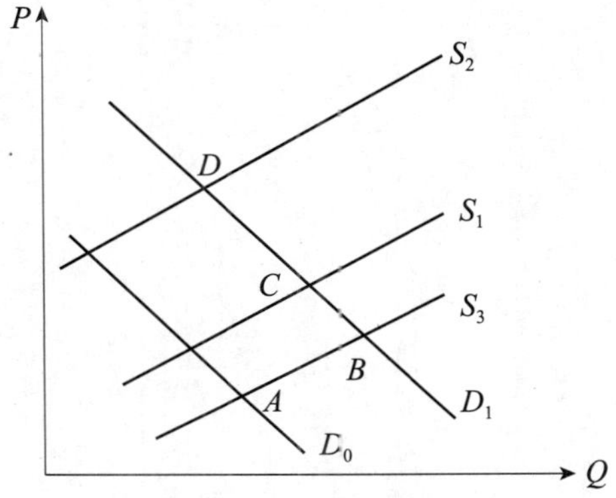

图 2A－1

技能题

1. a. 16 单位。12－3×2－4×1＋10＋2×2＝16。

   b. 互补品。因为 P_y 的系数是负值（－4），意味着产品 Y 价格每上升 1 美元，就会导致产品 X 的需求减少 4 单位。

   c. 正常品。因为 M 的系数是正值（1），意味着收入每增加 1 美元，就会引起产品 X 的需求增加 1 单位。

   d. 需求曲线为 $Q_x^d = 12 - 3P_x - 4\times1 + 10 + 2\times2 = 22 - 3P_x$，因此反需求曲线为 $P_x = 22/3 - Q_x^d/3$。

2. a. 27 单位。20＋2×4－1＝27。

   b. 供给曲线为 $Q_x^s = 20 + 2P_x - 1 = 19 + 2P_x$，求解 P_x 即可得到反供给曲线函数 $P_x = Q_x^s/2 - 19/2$。

3. a. 设 $Q^d = Q^s$，解得 $P=5$。

   b. 把 $P=5$ 带入需求（供给）函数，得 $Q=5$。

4. a. 当 $P=2$ 时，需求量为 $Q^d = 20 - 3\times2 = 14$ 单位，供给量为 $Q^s = 2$ 单位，由此可得，短缺 12 单位。

   b. 把 P^F 带入需求函数，设最高限价下需求量为 2 单位：$2 = 20 - 3P^F$，解得 $P^F = 6$ 美元，比初始均衡价格高。

5. a. 注意最低限价为 6 美元，消费者的需求量为 20－3×6＝2 单位。生产者将以这个价格生产 $Q^s = 6$ 单位，会造成 6 单位过剩。

   b. 24 美元，因为将以 6 美元的单价购买 4 单位。

选择题和判断题

1. d
2. b
3. d
4. d
5. b
6. b
7. a
8. c
9. e
10. d
11. 错误
12. 错误；数量不确定

13. 错误；价格不确定
14. 正确
15. 正确
16. 错误；出现的短缺导致全部经济价格上升
17. 正确
18. 错误；更高的价格将减少需求量，因为这是同一条需求曲线上的变动

第 3 章

问答题

1. 不一样。弹性度量的是一个变量变动一个百分点将促使另一个变量变动几个百分点；斜率度量的是一个变量的变化所导致的另一个变量的变化量。因为弹性比较的是百分比，对于度量变量的单位变动不敏感，所以本题不是指斜率。

2. a. 替代品可获性。替代品越容易获得，需求弹性越大。
   b. 时间。寻找替代品的时间越充裕，需求越具有弹性。这样，需求从长期来看较短期更具有弹性。
   c. 支出比重。消费者预算中支出占比越大的产品，其需求弹性越大。

3. 线性需求曲线如图 3A－1 所示。

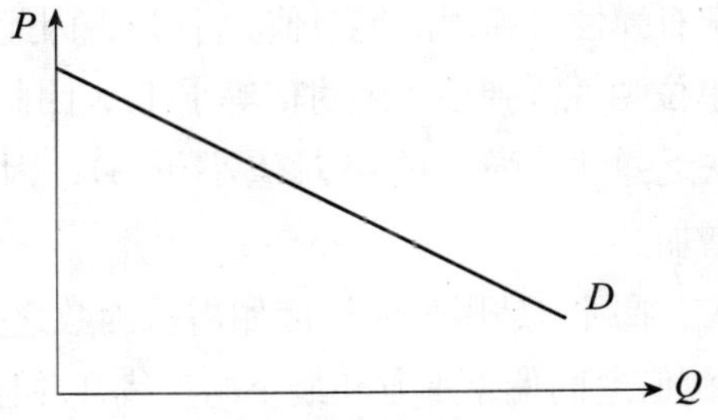

图 3A－1

   a. 相等。
   b. 不相等。
   c. 更小。

4. 对数线性需求曲线如图 3A－2 所示。
   a. 不相等。
   b. 相等。

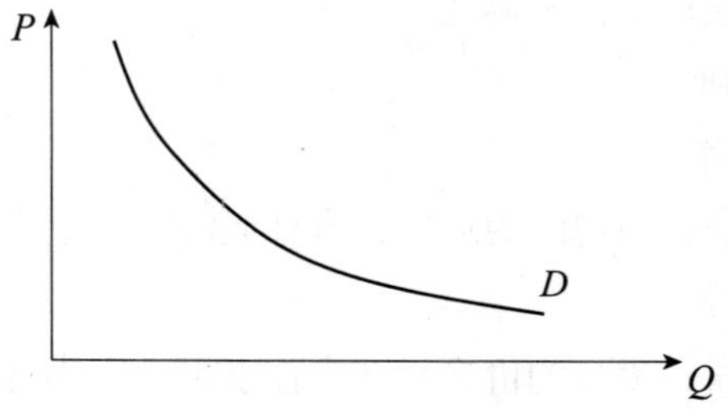

图 3A-2

5. a. 百事可乐的需求价格弹性为−2，需求富有弹性（绝对值大于1）；而且，百事可乐价格上升10%，将会导致需求量下降20%。
   b. 面包和饼干的交叉价格弹性为4，因此它们互为替代品（交叉弹性为正）。饼干价格上升10%，将会导致面包需求量增加40%。
   c. 打字机和电脑的交叉价格弹性为−3，因此它们互为补偿品（交叉弹性为负）。打字机价格上升10%，将会导致电脑需求量减少30%。
   d. 纸张的收入弹性为0.5，因此纸张是正常品（收入弹性为正）。收入增长10%，将会导致纸张需求量增加5%。
   e. 威士忌酒的收入弹性为−1.5，因此它是劣等品（收入弹性为负）。收入增长10%，威士忌酒的需求量将减少15%。
   f. IBM电脑的广告弹性为1，因此增加广告投入会增加其需求量（广告弹性为正）。广告投入增加10%，将会导致IBM的电脑需求量增加10%。
6. a. 富有弹性（弹性的绝对值大于1），因此价格上升将导致总收益减少。
   b. 单位弹性（弹性的绝对值等于1），因此价格上升不会影响总收益。
   c. 缺乏弹性（弹性的绝对值小于1），因此价格上升将会导致总收益增加。

7. 最小二乘回归是用来估计诸如需求函数之类的统计手段。它是一条使真实数据和观测值之间偏差平方和最小的直线，并且穿过那些观测值。

8. a. $t=-2.0/0.1=-20$。
   b. 因为$|t|=20>2$，参数估值在95%的置信区间统计显著。
   c. 非常可信。0.005的P值表明1 000中只有5次偶然，回归拟合的数据纯属偶然。

技能题

1. a. −0.1，缺乏弹性。对于给定的价格和收入，$Q_x^d=20$。套用线性需求函数的交叉价格弹性公式，得出需求价格弹性为$-2\times1/20=-0.1$，绝对值小于1，所以产品X的需求缺乏弹性。

b. -0.4，补偿品。对于给定的价格和收入，$Q_x^d=20$。套用线性需求函数的交叉价格弹性公式，得出价格交叉需求弹性为$-4\times2/20=-0.14$，为负数，所以产品 X 和产品 Y 为补偿品。

c. 1，正常品。对于给定的价格和收入，$Q_x^d=20$。套用线性需求函数的收入弹性公式，得出收入弹性为$+2\times10/20=1$，为正数，所以产品 X 是正常品。

2. a. 因为 $\ln P_x$的系数为负。

b. -3。因为这是一个对数线性函数，$\ln P_x$的系数就是产品 X 的需求价格弹性。

c. -2。因为这是一个对数线性函数，$\ln P_y$的系数就是产品 X 和产品 Y 的价格交叉弹性。

d. 补偿品，因为价格交叉弹性为负。

e. -4。因为这是一个对数线性函数，$\ln M$ 的系数就是产品 X 的收入弹性。

f. 劣等品，因为收入需求弹性为负。

g. 下降 20%。套用收入弹性公式，有$-4=\%\Delta Q_x^d/0.5$，解得$\%\Delta Q_x^d=-0.2$，或下降 20%。

h. 增加 2%。套用交叉价格弹性公式，有$-2=\%\Delta Q_x^d/(-0.01)$，解得$\%\Delta Q_x^d=0.02$，或增加 2%。

i. 下降 6%。套用需求价格弹性公式，有$-3=\%\Delta Q_x^d/0.02$，解得$\%\Delta Q_x^d=-0.06$，或下降 6%。

j. 总收益将下降，因为需求富有弹性（需求价格弹性绝对值大于 1)。

3. 需求量下降 20%。总收入下降，因为需求富有弹性。

4. 因为广告弹性为负，即广告投入增加实际上会减少公司产品的需求量，所以不建议增加广告支出。实际上，广告增加 10%，公司产品的需求量将下降 19.4%。

5. a. 真实值 a 在 95%置信区间近似 $\hat{a}\pm2\sigma_{\hat{a}}$，即 $10-2\times10=-10$ 和 $10+2\times10=30$，可认为真实值位于-10 和 30 之间。同理，b 在 95%置信区间的取值为$-2-2\times20=-42$ 和$-2+2\times20=38$，可认为真实值位于-42 和 38 之间。

b. t 统计量是参数估计值与其标准差的比率。这样估计值 a 的 t 统计量是 $10/10=1$，估计值 b 的 t 统计量是$-2/20=-0.1$。

c. 没有。置信区间不是非常紧凑，事实上你甚至不能 95%相信需求曲线是向下倾斜的。t 统计量的绝对值比 1 小得多，说明参数估计值不是非常精确。

6. a. 参数 b 表示关于广告（A）的销售（S）弹性，因为销售的广告弹性估值为 1.52，可以得知广告增加 10%会导致销售量增加 15.2%。

b. 会。因为 b 在 95%置信区间的下限已给出，即 1.52－2×0.20＝1.12，大于 0。

c. 不太可信。F 统计量的 P 值表明这是一个非常微弱的总体拟合，实际上 0.5 的 P 值意味着估计的销售量随广告增加而上升的关系纯属偶然。由于回归并没有包含收入或价格等解释变量，因此就出现了这个不足。

7. a. $\ln Q_x^d = 89.93 - 2.44 \ln P_x + 1.54 \ln M + 0.27 \ln A$。

b. 因为这是一个对数线性需求，需求价格弹性为－2.44，利用弹性公式，$-2.44 = \%\Delta Q_x^d / \%\Delta P_x = \%\Delta Q_x^d / 10\%$，解得需求量下降 24.4%。

c. 需求富有弹性。根据总收益测试，价格上升导致公司总收益下降。

8. 用公式 $\Delta R = [R_x(1+R_{Q_x,P_x}) + R_y E_{Q_y,P_x}] \times \%\Delta P_x$，$X$ 表示咖啡的销售，Y 代表图书的销售，R_x＝500 美元表示咖啡收入，R_y＝1 000 美元表示卖书收入，E_{Q_x,P_x}＝－1.0 表示咖啡的需求价格弹性，E_{Q_y,P_x}＝－1.8 表示咖啡和书的交叉价格弹性，咖啡价格建议变化 $\%\Delta P_x = -10\%$。把这些数字代入上述公式，有

$$\begin{aligned}\Delta R &= [500 \times (1-1) + 1\,000 \times (-1.8)] \times (-10\%) \\ &= 0 + 180 \\ &= 180\end{aligned}$$

换言之，咖啡价格降低 10%并不影响咖啡的收入（因为需求是单位弹性），反而会增加 180 美元的卖书收入。

选择题和判断题

1. a
2. d
3. c
4. b
5. c
6. a
7. a
8. b
9. c
10. d
11. d
12. 错误；为零

13. 正确
14. 错误
15. 错误；更缺乏弹性
16. 正确
17. 错误；只有当需求缺乏弹性时
18. 错误；更缺乏弹性
19. 错误；需求缺乏弹性
20. 正确

第4章

问答题

1. a. 越多越好。
   b. 未体现；牛排、鸡肉和猪肉是不同的商品，未体现越多越好。
   c. 边际替代率递减。
   d. 完备性。
   e. 未体现；萨姆对二者的偏好没有差异。
   f. 可传递性。
2. a. $3X + 5Y = 30$。
   b. $Y = 6 - (3/5)X$。
   c. 10 单位。
   d. 6 单位。
   e. $-3/5$。
   f. 参见图 4A-1。

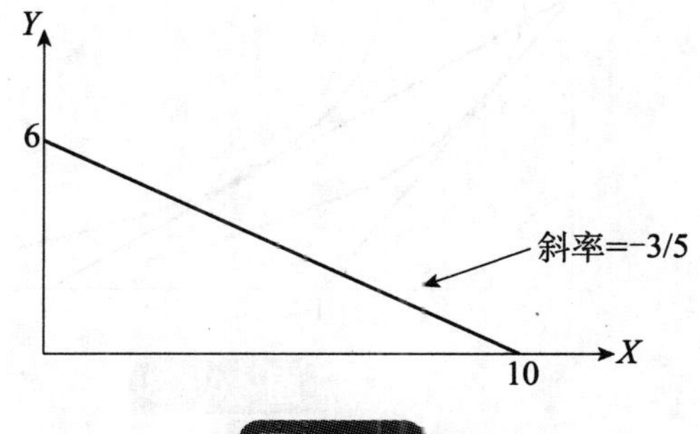

图 4A-1

3. a. 10，因为 $100/P_y = 10$，说明 $P_y = 10$。
   b. 20，因为 $100/P_x = 5$，说明 $P_x = 20$。
   c. 2，因为 $|-P_x/P_y| = |-20/10| = 2$。
   d. 2，因为在均衡点处边际替代率等于市场替代率。
   e. 组合 E。
   f. 组合 B。如果无差异曲线穿过点 F，那么满足程度就会小于穿过点 B 的组合。
   h. 买不起。
   i. 点 D。
4. a. 参见图 4A－2 的曲线 a。
   b. 参见图 4A－2 的曲线 b。
   c. 参见图 4A－2 的曲线 c。

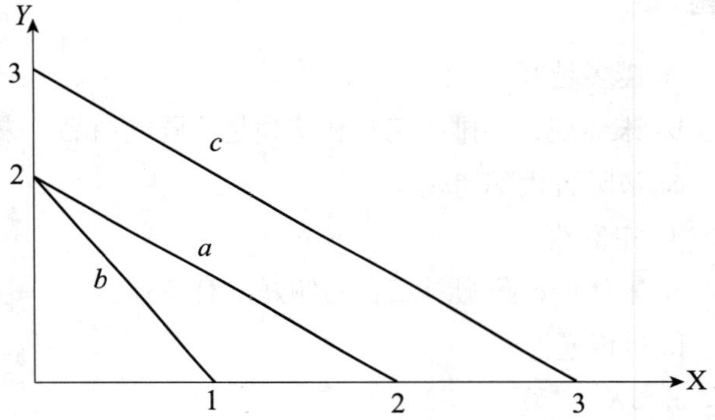

图 4A－2

5. 参见图 4A－3，预算线从 1 旋转到 2，均衡点从 A 移动到 B。

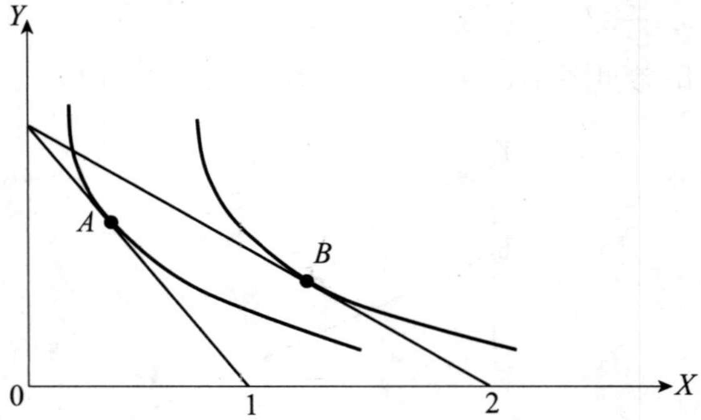

图 4A－3

6. 参见图 4A－4，预算线从 1 平移到 2，均衡点从 A 移动到 B。

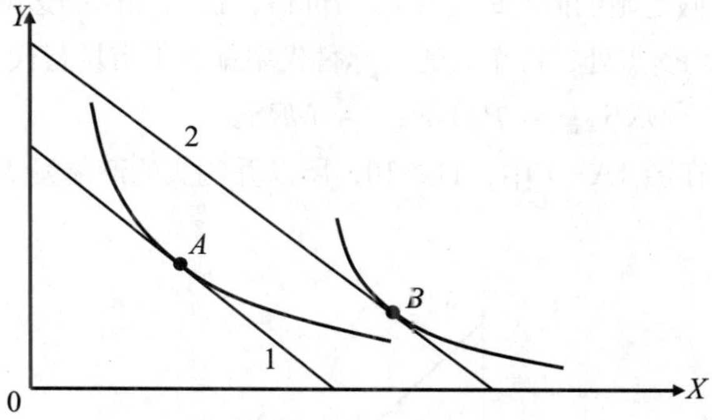

图 4A-4

技能题

1. 参见图 4A-5。

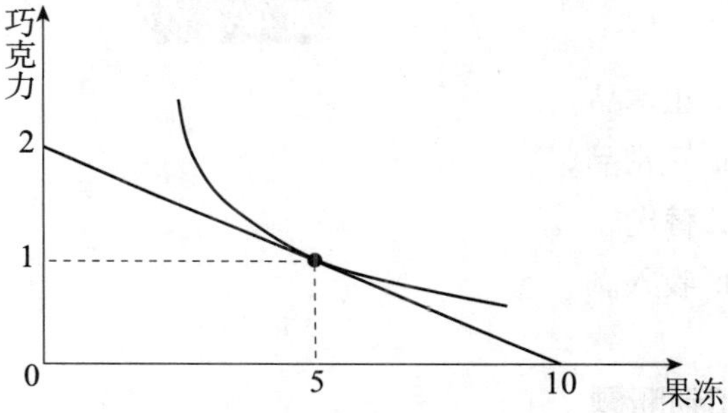

图 4A-5

2. a. 预算约束线为图 4A-6 中的线段。

   b. 不能。因为买 5 磅以上的果冻，米歇尔的预算约束会是 *AB* 段，这会使满足程度下降。

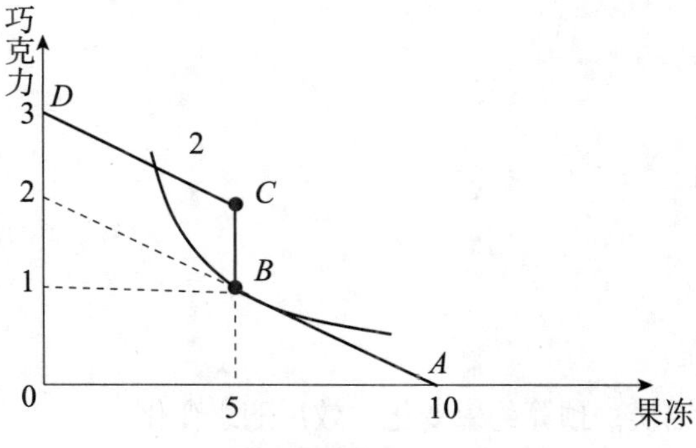

图 4A-6

3. 假定她们面对的是相同的价格，蔬菜和肉的边际收益率是相等的。这是因为在均衡点处，每个人的边际替代率都等于市场替代率，即

$$MRS_{苏茜} = P_{肉} / P_{蔬菜} = MRS_{琼}$$

4. 在图 4A－7 中，11>10，所以乔购买的产品发生了变化，从点 A 移动到点 B。

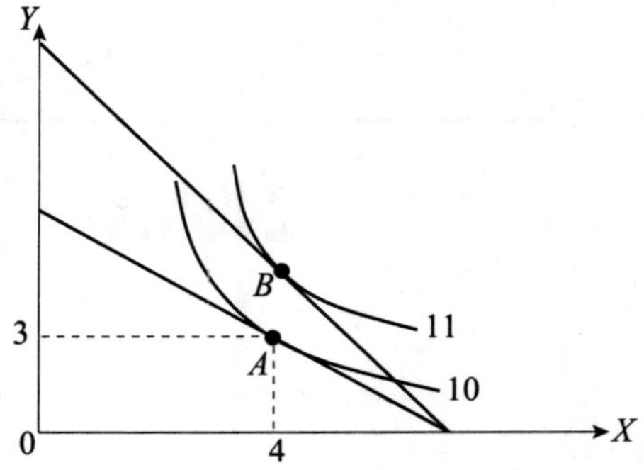

图 4A－7

5. a. 正常品。
   b. 正常品。
   c. 替代。
   d. 收入。

选择题和判断题

1. b
2. c
3. d
4. a
5. a
6. b
7. c
8. d
9. a
10. b
11. a
12. 错误；预算约束变化，效用随之变化
13. 错误；只有正常品的消费会增加
14. 错误；替代效应发挥作用
15. 正确

16. 正确

17. 正确

第 5 章

问答题

1. 参见下表：

K	L	Q	$\frac{\Delta Q}{\Delta L}=MP_L$	$\frac{Q}{L}=AP_L$
2	0	0	—	—
2	1	50	50	50
2	2	150	100	75
2	3	210	60	70
2	4	240	30	60
2	5	240	0	48
2	6	210	−30	35

2. a. 2。

   c. 17.5。因为 $Q=2\times3+16\times4=70$，所以 $AP_L=70/4=17.5$。

3. a. 0。$Q=\min\{2(100),16(0)\}=\min\{200,0\}=0$。

   b. 2。因为 $Q=\min\{2(3),16(4)\}=\min\{6,64\}=6$，所以 $AP_K=6/3=2$。

4. a. 10。$MP_K=0.5K^{-0.5}L^{0.5}=0.5\times25^{-0.5}\times10\ 000^{0.5}=0.5K\times25^{-0.5}\times100=10$。

   b. 20。因为 $Q=K^{0.5}L^{0.5}=25^{0.5}\times10\ 000^{0.5}=5\times100=500$，所以 $AP_K=500/25=20$。

5. a. 点 B。

   b. 厂商的成本不会改变。因为在点 B 处，$MRTS=MP_L/MP_K=6/2=3$，既然点 B 处成本最小化，则 $w/r=3$，所以厂商投入少于 3 单位资本、多于 1 单位劳动的成本会落在同一条等成本线上。

6. a. 100。

   b. 34。$VC(Q)=Q+2Q^2+3Q^3=2+2\times2^2+3\times2^3=34$。

   c. 134。$C(Q)=100+Q+2Q^2+3Q^3=100+2+2\times2^2+3\times2^3=134$。

   d. $C=FC+VC$，问题 c 的答案等于问题 a 的答案与问题 b 的答案之和。

e. 45。$MC = 1 + 4Q + 9Q^2 = 1 + 4 \times 2 + 9 \times 2^2 = 45$。

f. 17。根据问题 b 得到 2 单位的变动成本，计算 $AVC(2) = 34/2 = 17$。

g. 50。$AFC = FC/Q = 100/2 = 50$。

h. 67。$ATC = C/Q = 134/2 = 67$。

i. 问题 e 和问题 h 的答案表明在产量为 2 单位时，$MC > ATC$，因此平均总产量 ATC 一定是下降的，ATC 一定有一个大于 2 单位的最小产量点。

技能题

1. a. 1 单位。因为 25 单位产量投入的资本是固定的，短期成本函数为 $Q = 25^{0.5}L^{0.5} = 5L^{0.5}$，$VMP_L = P \times MP_L = 100 \times 0.5(5)L^{0.5} = 250L^{0.5}$，令其等于工资（250 美元），解得 $L=1$。

   b. 275 美元。$C = rK + wL = 1 \times 25 + 250 \times 1 = 275$ 美元。

2. a. 0.02。$MP_L/w = 2/100 = 0.02$。

   b. 1.33。$MP_K/r = 400/300 = 1.33$。

   c. 不能。因为设备租金每一美元边际产量超过了劳动的边际产量，汽车生产商在最小化生产成本方面投入的工人太多、设备太少。

3. a. 1 200 美元。固定成本就是学费和书费。

   b. 2 美元。每次去上课的成本是 2 美元。

   c. 1 100 美元。固定成本中的 100 美元不是沉没成本，因为书店回收你的书时你可以收回这 100 美元。

4. a. 令 $4 = K + 2L$ 或 $K = 4 - 2L$，如图 5A-1 所示。

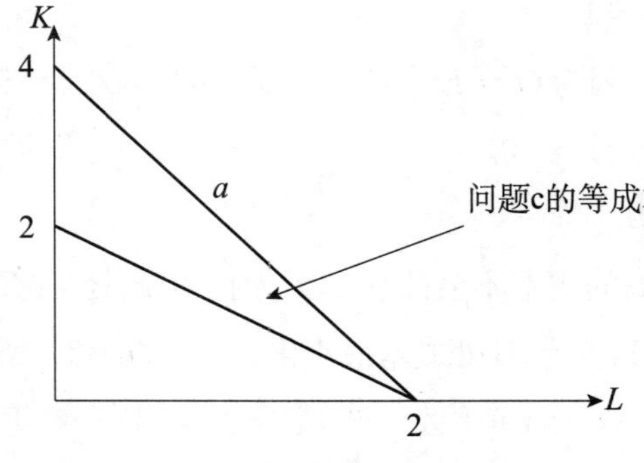

图 5A-1

   b. -2。

   c. 应该投入 2 单位的劳动和 0 单位的资本，如图 5A-1 所示。

5. 如图 5A－2 所示：

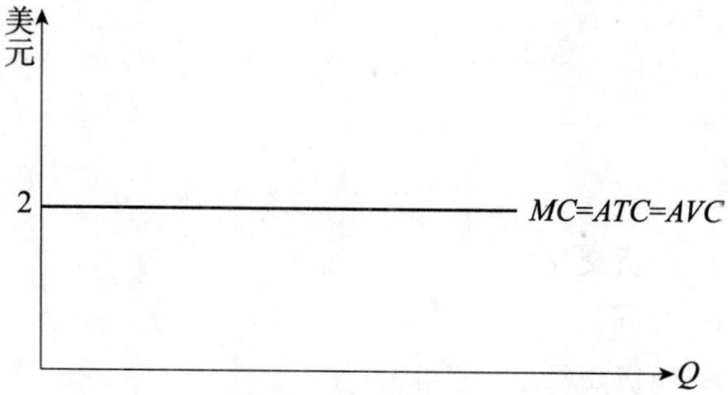

图 5A－2

选择题和判断题

1. d
2. b
3. d
4. c
5. c
6. a
7. c
8. c
9. a
10. 正确
11. 正确
12. 正确
13. 错误；价格乘以边际产量
14. 错误；里昂惕夫生产函数中没有替代
15. 错误；柯布-道格拉斯生产函数中存在替代
16. 正确
17. 正确
18. 正确
19. 正确
20. 正确

第6章

问答题

1. a. 现货交易。
   b. 合同。
   c. 现货交易。
   d. 纵向一体化。
2. a. 现场交易或合同。
   b. 现货交易。
   c. 纵向一体化。

3. 如果无法采用现货交易方式，明显的用于交易的专用性投资将会导致投资不足和潜在的敲竹杠问题；纵向一体化由于生产中缺乏专用性会导致损失。但是专用性投资相对容易明确未来的事情，所以获取投入品的最佳方式是签订合同。

4. a. 收益共享方案使代理人收益最大化，而且不能通过直接监督来实现。
   b. 出勤记录只能督促员工一天当中按时上班、到点下班。
   c. 计件工资只能起到激励员工专注于产品生产数量。
5. a. 收益共享方案并不能激励员工关心公司的成本。
   b. 出勤记录不能直接测度员工的工作积极性，哪怕是在车间的工作表现。
   c. 计件工资不能激励员工关注所生产产品的质量。

技能题

1. a. 进行现货交易，Amacon 公司可以继续专注于它最擅长的业务——生产自行车，而且从提供最优惠报价的卖方那里购买轮胎具有灵活性。但存在潜在的供应商敲竹杠问题，如果每个月没有一定数量的供应商供应 10 000 只橡胶轮胎，就会出现问题。
   b. 签订合同，Amacon 公司可以继续专注于生产。除了这些专业化的收益，与供应商签订合同可以减少敲竹杠的麻烦，如果合同环境相对简单，甚至可以完全消除这个麻烦。合同的主要缺点是拟定成本高，而且使 Amacon 公司失去从别的供应商那里获取轮胎的灵活性。
   c. 纵向一体化可以消除敲竹杠问题和合同成本，但是仅仅为了获取 10 000 只轮胎就进入轮胎行业代价太大，另外由于缺乏专业性，

Amacon 公司有可能因此产生损失。

d. 自行车轮胎是一种相对标准化的产品，而且一个月使用 10 000 只轮胎并不多。在调查了市场中轮胎的供应情况后，我判断轮胎的供应不成问题，所以我采取现货交易。否则，我会寻找一个供应商签订合同，以消除机会主义和敲竹杠问题。

2. 固定薪酬不能对管理者产生强烈的激励，而利润共享模式可以。为了给公司创造更多利润（这样还能提高股东的价值），薪酬的支付方式比薪酬水平更重要。

3. a. 如果支付给管理者 10 000 美元固定薪酬的均衡点在点 B 处，那么管理者会将一天 24 小时全都用于休闲。

b. 当支付给管理者固定薪酬 10 000 美元加公司利润 10%时，预算线将是 $ABCD$，均衡点在点 C 处，管理者将一天 24 小时中的 14 小时用于休闲，8 小时用于工作。

c. 管理者宁可选择 15 000 美元的固定薪酬加 14 小时的休闲时光，因为经过点 C 的无差异曲线位于经过点 B 的无差异曲线上方。

4. a. 出版商无法管控作者的努力程度。支付版税实际上是一种收益共享，作者为了多卖书、多获得版税，就会有写出高质量作品的动机。

b. 采取支付版税方式，作者的目标是最大化作品收益，而出版商的动机是最大化利润。因为利润是出版商的收益减成本，所以作者有可能想要在作品里添加好多东西（诸如插图、插画等）以使收益增加，这对于出版商而言却是增加负担，因此支付版税对于出版商来说可能并非实现利润最大化的方法。

5. 如果管理者一天有 8 小时休闲，赚取 100 美元。如果他工作 8 小时，赚取 0.05×1 000×8=400 美元，加上基本工资 100 美元。这样，如果他没有休闲时间，收入是 500 美元。因此，管理者的机会成本机制如图 6A－1 所示，均衡点在点 F 处，此时他每天工作 7 小时，总报酬（如纵轴所示）为 0.05×1 000×7+100 = 450 美元。

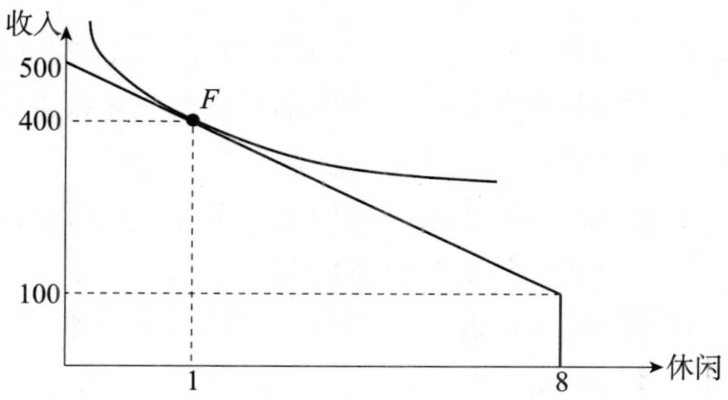

图 6A－1

选择题和判断题

1. b
2. d
3. d
4. a
5. b
6. d
7. c
8. d
9. a
10. b
11. 正确
12. 正确
13. 错误
14. 错误；市场价格
15. 正确
16. 错误
17. 错误；所有者利润上升
18. 正确
19. 正确

第7章

问答题

1. a. 企业规模。一些行业比其他行业先天造就更大的公司。
   b. 行业集中度。面对行业内较弱的竞争与激烈的竞争，管理者作出的决策不同。
   c. 技术。技术的不同（如行业属于资本密集型还是劳动密集型）导致不同行业生产技术含量的差异。
   d. 需求和市场条件。市场需求规模影响行业中能够生存下来的企业的数量。
   e. 进入壁垒。新企业进入市场的难易程度影响行业内企业的利润和管理者的决策。

2. a. 定价行为。
   b. 一体化和并购行为。
   c. 研发行为。
   d. 广告行为。
3. a. 横向并购。豪华轿车和经济型轿车是同一类商品。
   b. 混合并购。电影和电脑代表不同的生产线。
   c. 纵向并购。钢铁是汽车生产的关键投入品。
4. a. 勒纳指数为 $L=(P-MC)/P$，其中，P 是产品定价；MC 是边际成本。
   b. 勒纳指数有意义是因为它测量了同一行业内企业的产品定价，当勒纳指数等于 0 时，表示产品价格等于边际成本。
5. a. 前四家企业集中度比率是：

$$CR_4=\frac{S_1+S_2+S_3+S_4}{S_T}$$

   式中，S_i为企业 i 的销售额。前四家企业集中度比率表示行业中规模最大的四家企业的销售额占行业总销售额的比例。
   b. 前四家企业集中度比率 α 告诉我们规模最大的四家企业在整个行业中的产量是$\alpha\times100\%$，因此 CR_4 测量的是集中度，也就是一个行业的产量有多少掌控在最大的四家企业手中。
   c. 由于该指数没有考虑第五、第六大企业的市场份额，因此无法区分包含第五家企业到第 n 家企业的行业集中度的差异。从实践来看，该指数是基于一个国家的数据计算的，因此（a）当存在外国企业竞争时，夸大了行业的真实集中度；（b）当只有本土企业时，又低估了行业的真实集中度。
6. a. 赫芬达尔-海希曼指数（HHI）为：

$$HHI=10\ 000\sum w_i^2$$

   式中，w_i为企业 i 的市场份额。
   b. HHI 告诉我们一个行业中所有企业的市场份额的平方和（乘以 10 000）。如果该指数为 10 000，表示整个市场被一家企业控制；如果为 0，表示没有企业能够控制市场。与 CR_4不同的是，HHI 考虑了市场中所有企业的份额，而且通过市场份额的平方分配给市场份额较大的公司更大的权重。
   c. 在实践中与 CR_4一样，这个指数的计算也仅依据全国数据，因此当市场中存在外国企业时，夸大了市场集中度的真实水平；而当市场是由本土企业构成时，低估了市场集中度的真实水平。
7. a. 丹斯比-魏力格绩效指数（DW 指数）根据行业产出少量的增加即带来的社会福利改善程度对行业进行分级。

b. 该指数的意义取决于一个行业被迫增加一小部分产量能否使整个行业的社会福利得到最大程度的改善。这就告诉监管机构，要实施旨在扩大行业产出的限制，哪些行业是监管的最佳目标。

技能题

1. 最大四家企业的市场份额 $CR_4=300/400=0.75$，即前四家企业的产出占该行业产量的 75%。

2. a. 整个行业销售额为 400 万美元，所以最大两家企业的市场份额为 $w_1=w_2=100/400=0.125$，其余企业在市场中的份额为 $w_3=w_4=w_5=w_6=50/400=0.125$。这样，$HHI=10\ 000\times(0.25^2+0.25^2+0.125^2+0.125^2+0.125^2+0.125^2)=1\ 875$。

   b. HHI 不仅考虑了所有企业的市场份额，还考虑了每个市场份额的平方，这样就使得大企业比小企业的权重更大。

3. a. $R=E_T/E_F=-2/(-6)=1/3$。

   b. 每个企业的产品面对的市场需求弹性都是整个市场需求的 3 倍。

4. a. $L=(P-MC)/P=(15-5)/15=10/15=2/3$。

   b. 溢价系数为 $1/(1-L)=1/(1-2/3)=3$。因此，企业定价是边际成本的 3 倍。

5. 不是。市场结构影响定价行为，但是不一定说明企业定价明显高于边际成本。

选择题和判断题

1. a
2. a
3. a
4. d
5. d
6. a
7. b
8. a
9. c
10. c
11. 错误；这是因果观
12. 正确
13. 错误；根据社会福利的潜在改善对行业进行分级
14. 正确

15. 正确
16. 正确
17. 错误；垄断最具市场力量
18. 错误；运用不同的指数，比较结果会有差异
19. 错误；测量的是集中度（结构的一个要素）
20. 正确

第8章

问答题

1. a. 企业的数量会减少。$P=10<ATC=12$，所以从短期看企业将亏损，从长期看企业会退出。
   b. 企业的数量会增加。$P=10>ATC=8$，所以从短期看企业会盈利，从长期看新的企业会进入。
   c. 企业的数量会减少。$P=10<ATC=12$，所以从短期看企业会亏损，从长期看企业会退出。
   d. 企业的数量会增加。$P=10>ATC=8$，所以从短期看企业会盈利，从长期看新的企业会进入。
   e. 没有政府的补贴，垄断厂商会退出行业，市场将不存在。因为 $P=10<ATC=12$，所以从短期看企业会亏损，从长期看企业会退出。
   f. 企业的数量保持不变。当企业盈利时，进入壁垒使其他企业无法进入市场。
2. a. 完全竞争，因为 $P=MR$。
   b. 8 美元。
   c. 10。因为产量为 10 单位时，$P=MC$。
   d. 亏损 50 美元，由 $(P-ATC)\times Q=(8-13)\times 10$ 计算得到。
   e. 亏损 90 美元。如果企业停产，其亏损与固定成本相等，可由 $(ATC-AVC)\times Q$ 计算得到。通过 $Q=10$ 时计算获得的数据，可以得知固定成本为 $(13-4)\times 10=90$ 美元。
   f. 退出。
3. a. 8，$MR=MC$ 点处。
   b. 10 美元，这是消费者愿意为 8 单位产品支付的最高价格。
   c. 24 美元，由 $(P-ATC)\times Q=(10-7)\times 8$ 计算得到。
   d. 20 美元，由 $0.5(10-5)\times(16-8)$ 计算得到。
   e. 16 单位。这与 $P=MC$ 点处一致，因为 MC 是水平的，$MC=AVC$，

所以5美元的价格覆盖了变动成本，因此企业短期内不会停产。

f. 16单位。完全竞争行业在$P=MC$处生产。然而与16单位产量相对应的是，在这个点处利润为负。实际上，亏损恰好等于厂商的固定成本，也就是$(ATC-AVC)\times Q=(7-5)\times 8=16$美元（注意，固定成本不随产量变化而变化，所以16单位产量的固定成本和8单位产量的固定成本是一样的）。这样，16美元的补贴恰好抵销了固定成本，从长期看，完全竞争厂商的产量为16单位，获得的经济利润为零。

4. a. 都不是。不管是垄断厂商还是垄断竞争厂商，面对的都是向下倾斜的需求曲线，存在不同形状的成本函数曲线。然而下降的平均总成本曲线显示出规模经济的特性，也就是当需求很小时显示出垄断的特征。

b. 因为厂商获取的是正的经济利润，从长期看新的企业会进入，这样将减少厂商产品的市场需求，直到经济利润为零。

5. 如图8A-1所示：

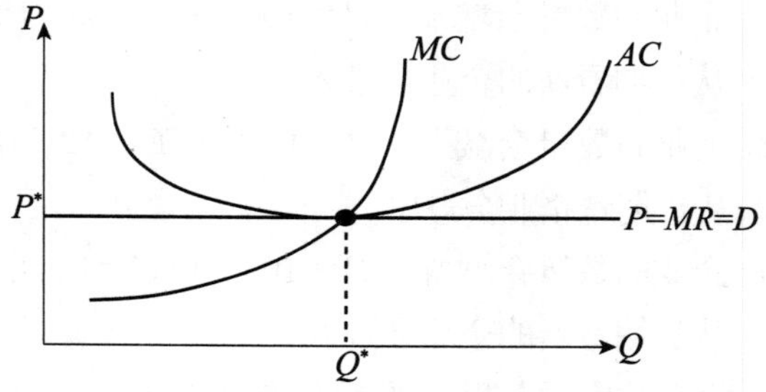

图8A-1

a. $P=MC$说明额外生产一单位产量的社会价值等于额外生产一单位的社会成本，因此这是最具社会效率的产量水平。

b. $P=ATC$表示厂商获得零利润；不会刺激行业外企业进入市场，也不会使现有企业退出市场。

c. $P=ATC$最低点说明厂商的产量与其最优生产规模相一致，换言之，所有的规模经济优势得到完全发挥。

技能题

1. a. 40美元，也就是市场价格。

b. 20单位。设$P=MC$，或$40=2Q$，解得$Q=20$。

c. 395美元。厂商的收益为$P\times Q=40\times 20=800$美元，厂商的成本为$C(Q)=5+Q^2=5+20^2$，利润为$800-405=395$美元。

d. 不能。多一个厂商进入，就会使市场价格下降，直到利润为零。

2. a. 2.5单位。使收益最大化的条件为$MR=0$，因为$MR=5-2Q$，所以5－

$2Q=0$，解得 $Q=2.5$。

b. 2.5 美元，$P=5-2.5=2.5$。

c. -1。在单位弹性点处总收益最大化，也可以直接利用弹性公式计算得：$(-1\times2.5)/2.5=-1$。

d. 1 单位。为了实现利润最大化，令 $MR=MC$。因为 $MR=5-2Q$，$MC=3$，求解等式 $5-2Q=3$，得 $Q=1$。

e. 4 美元，这是该需求函数下消费者愿意为每一单位产品支付的最高价格。

f. 1 美元。厂商收益为 4 美元，成本为 3 美元。

g. 2 单位。竞争行业会在 $P=MC$ 处生产，$5-Q=3$，解得 $Q=2$。

3. a. $Q_1=4$ 单位，$Q_2=2$ 单位。为了实现利润最大化，厂商会保证 $MR=MC_1$，$MR=MC_2$，因为 $MR=10-(Q_1+Q_2)$，每个工厂利润最大化的产量应该满足以下两个条件：

$10-(Q_1+Q_2)=Q_1$

$10-(Q_1+Q_2)=2Q_2$

解以上两个方程式，得 $Q_1=4$，$Q_2=2$。

b. 6 单位，$Q_1+Q_2=6$。

c. 7 美元，因为消费者愿意为 6 单位产品支付的最高价格是 $10-0.5\times6=7$ 美元。

4. a. 根据 Q 求 P，得 $P=5-0.5Q$。

b. $MR=5-Q$。确保你用了问题 a 的反需求函数得到这个答案。

c. $Q=5$，$P=2.5$ 美元。在点 $MR=0$ 处需求是单位弹性，找到此处对应的 Q，$5-Q=0$，解得 $Q=5$；接下来求解反需求函数，解得 $Q=5$，$P=2.5$ 美元。

d. 阅读教材的图 8－13，我们可以得出产量在 5 单位以下时需求是富有弹性的。

e. 阅读教材的图 8－13，我们可以得出产量超过 5 单位时需求是无弹性的。

5. 从长期看垄断竞争行业会出现产能过剩。大量其他厂商生产差异化产品意味着垄断竞争厂商不能发挥规模经济优势扩大产量来获取利润。

6. 已知利润最大化的广告支出与销售额的比率，把 $E_{Q,P}=-5$ 和 $-E_{Q,P}=1.0$ 带入公式：

$$\frac{A}{R}=\frac{E_{Q,A}}{-E_{Q,P}}=\frac{1.0}{5}=0.20$$

得到利润最大化的广告支出与销售额的比率为 20%，即为了实现利润最大化，厂商应该将收益的 20%用于做广告。

选择题和判断题

1. a
2. a
3. d
4. b
5. d
6. b
7. c
8. a
9. c
10. 错误；厂商的需求曲线向右平移
11. 错误
12. 正确
13. 错误
14. 错误；零经济利润
15. 正确
16. 正确
17. 正确
18. 正确
19. 正确

第9章

问答题

1. a. 斯塔克博格寡头垄断。厂商A是领导者，厂商B是跟随者。
   b. 古诺寡头垄断。
   c. 伯川德寡头垄断。
   d. 斯威齐寡头垄断。
2. a. AED。
   b. CEB。
3. a. 曲线W。
   b. 曲线Y。
   c. 点C。

d. 点 E。

e. 曲线 Z。

f. 曲线 X。

g. 点 G。

h. 点 H。

i. 厂商 1。

4. a. 5 美元。假设不存在交易成本和容量约束，厂商总是告知消费者所定价格。如果一家厂商定价高于 5 美元，另一家厂商就可以略微降价以获取这家厂商的消费者，进而增加自己的利润。没有一家厂商会有以低于 5 美元的价格销售产品的动机，因为这么做只会产生净损失。如果两家厂商都定价 5 美元，没有一家厂商可以通过提高价格或降低价格使得利润增加，因此 5 美元是伯川德均衡。

b. 5 美元，因为完全竞争市场中 $P=MC$。

5. a. 如图 9A-1 所示，厂商 1 的产量下降。

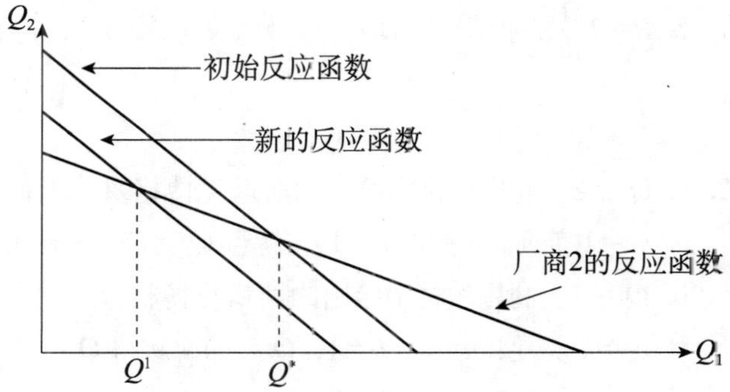

图 9A-1

b. 如图 9A-2 所示，厂商 1 的边际成本略微上升并没有影响它的产量(或价格)。不过厂商 1 的边际成本明显上升将会减少它的产量。

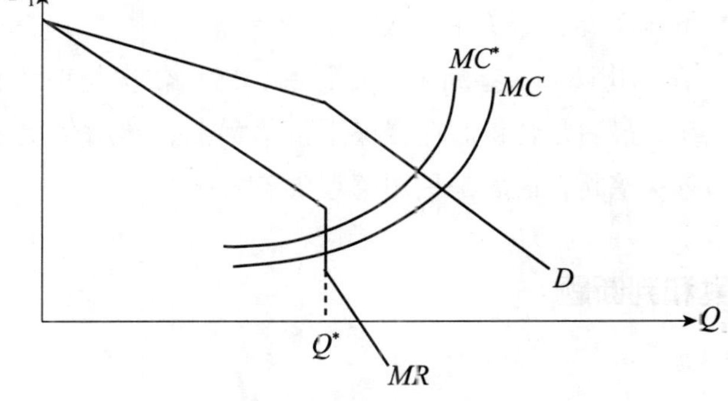

图 9A-2

6. a. 是的，因为Cleaning是市场中唯一的家政公司。
   b. Cleaning公司提供服务的市场可能是可竞争市场，因此Cleaning的定价应该等于边际成本，否则其他的潜在进入者会迅速进入市场并获取利润，换言之，Cleaning公司的定价受制于市场进入的威胁。

技能题

1. a. 是的，否则在反需求函数前提下增加两个厂商的产量毫无意义。
   b. $MR_1=5-2Q_1-Q_2$。
   c. 令$MR_1=MC$，得$5-2Q_1-Q_2=1$，解得的Q_1即厂商1的反应函数：$Q_1=2-0.5Q_2$。
   d. 首先，已知$MR_2=5-2Q_2-Q_1$；其次，令$MR_2=MC$，得到$5-2Q_2-Q_1=1$，解得的Q_2即厂商2的反应函数：$Q_2=2-0.5Q_1$。
   e. $Q_1=4/3$，$Q_2=4/3$，把厂商1的反应函数带入厂商2的反应函数，得到$Q_1=2-0.5(2-0.5Q_1)$。解得$Q_1=4/3$，同理，解得$Q_2=4/3$。
   f. $P=2\frac{1}{3}$，把产量的均衡点带入反需求函数，得到$P=5-(4/3+4/3)=2\frac{1}{3}$。
2. a. $Q_1=2$。利用教材中给出的斯塔克博格寡头垄断产量的计算公式（$c_1=c_2=1$美元，$a=5$，$b=1$），解得$Q_1=(5+1-2)/2=2$。
   b. $Q_2=1$。利用教材中给出的斯塔克博格寡头垄断产量的计算公式（$c_1=c_2=1$美元，$a=5$，$b=1$，$Q_1=2$），解得$Q_2=(5-1)/2-2/2=1$。
   c. 3，因为$Q_1+Q_2=2+1=3$。
   d. 2美元，因为$P=5-(2+1)=2$。
3. a. $P=1$美元，$P=MC=1$美元。
   b. $Q=4$，令$P=MC$，得到$5-Q=1$，解得$Q=4$。
4. a. $Q=2$，令$MR=MC$，得到$5-Q=1$，解得$Q=2$。
   b. 3美元，令$P=5-Q=5-2=3$。

5. 在伯川德寡头垄断下产量最高，然后依次是斯塔克博格寡头垄断、古诺寡头垄断，最后是合谋。在合谋下价格最高，然后依次是古诺寡头垄断、斯塔克博格寡头垄断，最后是伯川德寡头垄断。

选择题和判断题

1. b
2. a
3. d

4. a
5. d
6. a
7. e
8. d
9. a
10. a
11. 错误；竞争对手的价格保持不变
12. 错误；忙于数量竞争
13. 错误
14. 正确
15. 错误；两者的数量都是确定的
16. 正确
17. 错误；伯川德寡头垄断下 $P=MC$
18. 错误；如果市场是可竞争的，则 $P=MC$
19. 错误；只有跟随者视产量为给定的
20. 正确

第 10 章

问答题

1. a. 下。因为选择上时最差收益为 1，而选择下时最差收益为 3。
   b. 左。因为选择右时最差收益为 4，而选择左时最差收益为 5。
   c. 有。因为不管对手怎么做，选择下时会付出更多。
   d. 没有。针对上选择左，针对下选择右。
   e. (右，下)。给定另一博弈方策略时，任一方单方面改变策略都不会获益。
   f. 4。
   g. 7。
2. a. 序惯行动博弈。
   b. 博弈方 A。
   c. 上。注意博弈方 A 的策略无法取决于博弈方 B 怎么做，因为博弈方 A 是先动者。
   d. 如果博弈方 A 选择上，博弈方 B 就相应选择上；如果博弈方 A 选择下，博弈方B就选择下。注意第二行动的博弈方B会在实行其策略时考虑博弈方A的行动。

e. 两个。一个是博弈方A选择上，博弈方B就选择上。另一个是博弈方B威胁，如果博弈方A选择上，博弈方B就选择下，因此对于博弈方A选择下，博弈方B选择下。

f. （12，2）和（11，5）。

g. 1个。均衡（11，5）不是子博弈完全均衡，在这个均衡中博弈方A选择下是因为如果博弈方A选择上将受到博弈方B选择下的威胁。不过如果博弈方A选择上，博弈方B选择下，也不是所获得的最好收益，不过强于选择上。

h. （12，2）。

3. a. 伯川德寡头垄断。

b. 低价，因为 $5>1$。

c. （0，0）。

4. a. 6。第一次赚取3，第二次也赚取3。

b. 5。第一次赚取5，优于竞争对手触发低价，意味着第二次赚取0。

c. 8。第一次（合作）赚取3，第二次由于违背协议定低价，赚取5。

d. 不能。因为厂商A想在第二次博弈中违背协议。

5. a. $3+1.5^{-1}\times3+1.5^{-2}\times3+\cdots=3\ (1+0.5)/0.5=9$。

b. 5。因为违背协议，第一次赚取5，此后赚取0。

c. 能。从合作中赚取的现值（9）超过了从违背协议中赚取的（5），所以合作是值得的。

d. 合作会继续，因为 $PV_{欺骗}=5<PV_{合作}=3(1+1)/1=6$。

技能题

1. a. 正则形式博弈如图10A-1所示：

		米歇尔		
	策略	0	1	2
	0	−0.25, −0.25	−0.25, −0.25	0, 0.50
纳塔莉	1	−0.25, −0.25	0.25, 0.25	−0.25, −0.25
	2	−0.50, 0	−0.25, −0.25	−0.25, −0.25

图10A-1

b. 有三个纳什均衡：其一是纳塔莉得到2枚硬币而米歇尔得到0枚；其二是纳塔莉得到0枚硬币而米歇尔得到2枚硬币；其三是两人各得到

1 枚硬币。

2. a. 延展形式博弈如图 10A－2 所示。

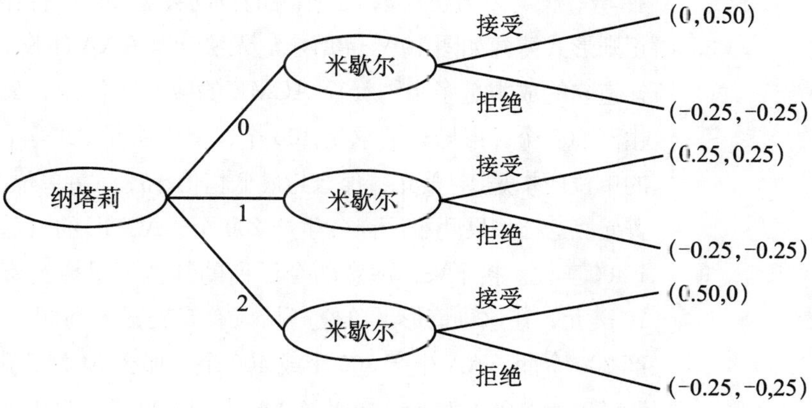

图 10A－2

b. 纳塔莉得到 2 枚硬币而米歇尔得到 0 枚。纳塔莉作出“要么接收要么拒绝”的提议，收益是既定的，所以米歇尔没有拒绝的动力（如果你认为他会拒绝而令他姐姐不高兴，那么你的收益在你所建立的延展形式博弈中会有所不同）。

3. a. 延展形式博弈如图 10A－3 所示。

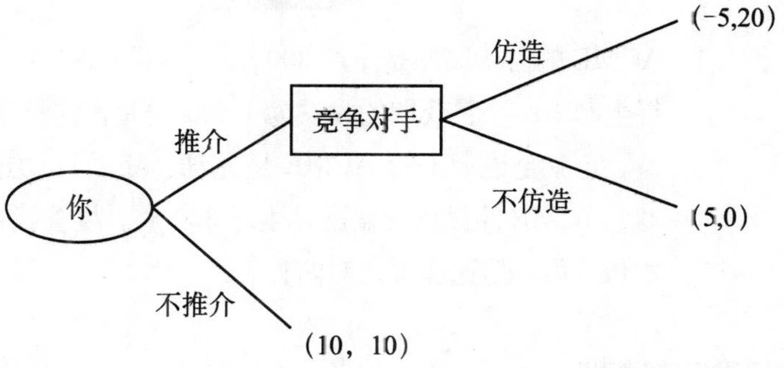

图 10A－3

b. 不推介新产品。事实上不管你的竞争对手怎么做，你最好的策略是不推介。换言之，在这个序贯行动博弈中不推介新产品是占优策略。

4. a. W。

b. Y。

c. 没有；厂商 A 最好的策略取决于厂商 B 怎么做。

d. （W，Y）和（X，Z）。

e. 合作博弈。

5. a. W。一旦厂商 B 察觉到这个行动，它的最佳反应将是 Y，而且博弈双方都可赚取 5。

b. 不会。如果厂商 B 先动，它会选择 Y，在这种情况下厂商 A 会随之选择 W，博弈双方仍赚取 5。相继的行动会解决这个合作博弈问题。

6. a. 正则形式博弈如图 10A－4 所示。无法计算 AAA 的收益是因为我们不知道它的成本是多少。计算 ACME 的收益时注意，如果两个厂商各生产 200 个，市场总需求是 400 个，价格将是 22 美元。既然 ACME 的单位成本是 15 美元，那么与最低售价相比，每单位产品的贡献为 7 美元。这样如果两个厂商各生产 200 个，ACME 的收益就是 7×200＝1 400 美元。接下来，注意两个厂商的其他产量导致市场价格为每个 20 美元，在这种情形下单位产品只有 5 美元的利润。如果 ACME 生产 200 个而 AAA 生产 300 个或 400 个，那么 ACME 获得的利润仅为 5×200＝1 000 美元。如果 AAA 生产 200 个、300 个或 400 个，而 ACME 生产 300 个，其利润为 5×300＝1 500 美元。

		AAA		
	策略	200	300	400
ACME	200	1 400,?	1 000,?	1 000,?
	300	1 500,?	1 500,?	1 500,?

图 10A－4

b. ACME 的占优策略是生产 300 个——不管 AAA 生产多少，ACME 始终生产 300 个，获取的收益为 1 500 美元，这超过了生产 200 个的收益。也就是说，不管 ACME 是先动、随后行动还是与 AAA 同时行动，ACME 的最优策略就是生产 300 个。尽管我们不清楚 AAA 的成本和收益，但这么做是对的！

选择题和判断题

1. c
2. d
3. b
4. d
5. d
6. a
7. d
8. d
9. a

10. b
11. 错误
12. 错误；这个是占优策略
13. 正确
14. 正确
15. 错误；仅在利率足够低时出现
16. 正确
17. 错误
18. 正确
19. 错误；不太可能
20. 正确

第 11 章

问答题

1. a. 6 美元。产量为 2 单位时 $MR=MC$，所以利润最大化的价格是 6 美元。
   b. 2 单位，这是 $MR=MC$ 时的产量。
   c. 4 美元，因为 $(6-4)\times2=4$ 美元。
2. a. 12 美元。产量为 4 单位时，在 $P=MC$ 处，最优固定费用等于潜在的消费者剩余，所以消费者剩余是 $0.5\times(10-4)\times4=12$ 美元。
   b. 4 美元。每单位最优价格是边际成本，这样能确保消费者购买 4 单位。
   c. 12 美元，所有的利润来自固定费用。
3. a. 16 美元。图中矩形区域 $(6-0)\times2=12$ 美元，加上消费者剩余的三角形部分 $0.5\times(10-6)\times4=4$ 美元。
   b. 8 美元。厂商生产 2 单位产品的成本是 $AC\times Q=4\times2=8$ 美元，这必须从问题 a 计算的收益中减去。
4. a. 高峰定价。
   b. 价格歧视。
   c. 商品捆绑。
5. a. 价格匹配。
   b. 随机定价。
   c. 提升品牌忠诚度。

技能题

1. 50 美分。利用加成公式，$P=MC\times E_F/(1+E_F)=0.25\times(-2)/(1-2)=$

0.5 美元。

2. 4 美元。利用古诺寡头垄断的加成公式，$P = MC \times NE_M/(1+NE_M) = 2 \times 4(-0.5)/[1+4\times(-0.5)] = 2\times(-2)/(1-2) = 4$ 美元。

3. a. 有道理。退休一族比雅皮士一族有更低的机会成本，因此对于家政服务有更高的需求弹性。

   b. 22.50 美元，因为 $P = MC \times E_Y/(1+E_Y) = 15\times(-3)/(1-3) = 15\times 3/2 = 22.50$ 美元。

   c. 18.75 美元，因为 $P = MC \times E_R/(1+E_R) = 15\times(-5)/(1-5) = 15\times 5/4 = 18.75$ 美元。

4. a. 如图 11A－1 所示：

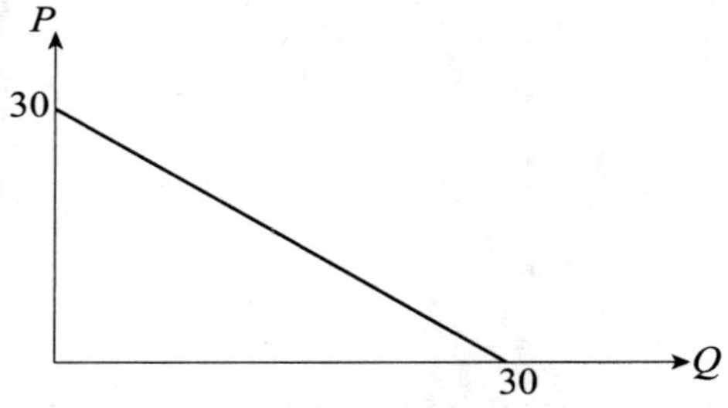

图 11A－1

   b. 对于会员每月收取固定费用 450 美元，不限其光顾的次数。注意当 $Q=30$ 时，消费者剩余是最大的，所以消费者剩余是 $0.5\times(30-0)\times 30=450$ 美元，此即最优固定费用。

   c. 从收益看，每个顾客净投入公司 450 美元，为了覆盖 4 500 美元的固定成本，必须有 10 个顾客成为会员，只要超过 10 个会员就能盈利。

   d. 每次光顾的价格为零，每个消费者每个月光顾健身中心 30 次，相当于每天一次。

5. a. 1 000 美元。所有消费者都愿意为 CD 机支付至少 200 美元，所以三位消费者都购买 CD 机，公司的 CD 机销售净收入为 $3\times 200=600$ 美元。只有消费者 1 和消费者 2 愿意为录音机支付 200 美元，所以公司的录音机销售净收入为 $2\times 200=400$ 美元。因此，公司获得 1 000 美元的销售总收入。

   b. 700 美元。只有消费者 3 愿意花 400 美元买 CD 机，只有消费者 1 愿意花 300 美元买录音机，因此总收入为 $300+400=700$ 美元。

   c. 1 500 美元。注意对于消费者 1 来说 CD 机和录音机的价值是 $200+300=500$ 美元，对于消费者 2 是 $300+200=500$ 美元，对于消费者 3 是 $500+0=500$ 美元。因此，消费者会购买产品组合，使公司获得净销售收入 3×500=1 500 美元。

d. CD 机和录音机的商品组合定价为 500 美元。这个商品捆绑计划使公司获得的净利润，与消费者为每种播放器愿意支付的最高价格下公司获得的收益是一样的。

6. a. 假定一辆汽车安装有一个发动机（$Q_e=Q$），使整个企业利润最大化的发动机产量是当 $NMR_D=MC_U$ 时：$NMR_D=500-2Q_e-100=2Q$，求解 Q_e，欧洲工厂应该生产 $Q_e=100$ 个发动机，亚洲工厂应该生产 100 辆汽车（因为 $Q=Q_e$）。

b. 汽车的最优价格是 $P=500-100=400$ 美元。

c. 企业可以完成这个产量，即在欧洲工厂生产 100 个发动机的边际成本处制定最优转移价格，或者令转移价格 $P_T=200$ 美元，接下来对部门经理进行激励，使其实现最优转移价格下的工厂利润最大化。

选择题和判断题

1. b
2. d
3. a
4. d
5. a
6. b
7. a
8. d
9. d
10. b
11. 错误
12. 正确
13. 正确
14. 正确
15. 正确
16. 正确
17. 正确
18. 错误；价格更高
19. 正确
20. 错误

第12章

问答题

1. a. 110美元，因为 $0.9\times100+0.1\times200=110$ 美元。

   b. 900，因为 $0.9\times(100-110)^2+0.1\times(200-110)^2=900$。

2. a. 每额外搜寻一次的预期收益。

   b. 每次搜寻成本为12美元时的额外搜寻成本。

   c. 每次搜寻成本为10美元时的额外搜寻成本。

   d. 50美元。这是 $EB=c=10$ 美元之处。

   e. 55美元。这是 $EB=c=12$ 美元之处。

   f. 继续搜寻，因为 $55>R=50$。

   g. 就地购买，因为 $50<R=55$。

3. a. 道德风险。

   b. 逆向选择。

   c. 道德风险；每周1 000美元就像保险，会使他不再努力。

   d. 逆向选择。

4. a. 共同价值；无论储蓄债券的面额是多少，对于所有的竞拍者而言其价值都是相同的。

   b. 为了避免赢者诅咒，萨姆应该调低他的个人估价。

5. a. 英式拍卖＝第二价格密封拍卖＝第一价格密封拍卖＝荷兰式拍卖。

   b. 英式拍卖＞第二价格密封拍卖＞荷兰式拍卖＞第一价格密封拍卖。

技能题

1. a. 就地购买。搜寻另外一家经销商需花费1 000美元，管理者已经找到市场中的最低价格，继续搜寻只是浪费金钱。

   b. 向另外一家经销商寻价。继续搜寻的预期收益是 $EB=0.5\times(500\,000-450\,000)+0.5\times0=25\,000$ 美元。因为 $EB>c=1\,000$ 美元，所以管理者应当继续搜寻，直至找到愿意以45万美元销售汽车的经销商。

2. a. 1.20美元，因为 $EP=0.2\times2+0.8\times1=1.20$ 美元。

   b. 1.20美元。这家厂商是完全竞争厂商，$E(MR)=EP=1.20$ 美元。

   c. 1.2单位。$MC=Q$，令 $E(MR)=MC$，得到 $Q=1.2$。

   d. 0.72，因为 $E(P)\times Q-C(Q)=1.2\times1.2-0.5\times1.2\times2=0.72$。

3. a. 正常品。注意需求在经济繁荣期大于衰退期。

b. $E(MR)=8-Q$。注意在经济繁荣期 MR 就是 $MR_B=10-Q$，在衰退期 $MR_R=6-Q$，因此 $E(MR)=0.5\times(10-Q)+0.5\times(6-Q)=8-Q$。

c. 7 单位。令 $E(MR)=MC$，得到 $8-Q=1$，$Q=7$。

d. 4.5 美元。注意与其反需求函数为 $EP=0.5\times(10-0.5Q)+0.5\times(6-0.5Q)=8-0.5Q$，这样，当 $Q=7$ 时，$EP=8-0.5\times7=4.5$ 美元。

e. 24.5 美元，因为 $4.5\times7-7=24.5$ 美元。

4. a. 风险厌恶型消费者在使用新产品时会很犹豫，除非他们使用产品的风险得到补偿。

b. 对于低值非耐用品，免费样品可能是合理策略。你也可以尝试做广告。小件物品用返还现金来消除消费者使用产品的风险是不现实的，对于他们来讲得到返还的现金还不及交易成本，因此这种方法效果不佳。

c. 如果产品是耐用品，免费样品的效果不好。如果你给他们一件免费的产品，即便他们很喜欢，也没有再购买一件的动力。

d. 对于大件耐用品而言，现金返还承诺会使一些人消除风险，因此有可能促使他们购买你的产品。你也可以尝试做广告，以宣传你产品的质量。

5. a. 只有两个竞拍者，$n=2$，最低的可能估价是 $L=10$ 美元，米歇尔自己的估价是 $v=20$ 美元。因此米歇尔的最优密封竞拍价是

$$b=v-\frac{v-L}{n}=20-\frac{20-10}{2}=15(\text{美元})$$

b. 因为荷兰式拍卖和第一密封价格拍卖在策略上是等价的，我们可以通过公式计算出米歇尔愿意为拍品支付的价格。由于 $n=2$，最低的可能估价是 $L=10$ 美元，而米歇尔自己的估价是 $v=20$ 美元，因此

$$b=v-\frac{v-L}{n}=20-\frac{20-10}{2}=15(\text{美元})$$

米歇尔的最优竞拍策略是等拍卖商继续降低价格，直到 15 美元，然后大声喊出“成交”。

选择题和判断题

1. c
2. c
3. a
4. a
5. a
6. b

7. a
8. a
9. a
10. a
11. 错误；$E(P) = MC$
12. 正确
13. 错误；道德风险
14. 错误
15. 正确
16. 正确
17. 正确
18. 正确
19. 错误；赢者诅咒只发生于共同价值拍卖
20. 错误；两者都可以最大化期望收益

第 13 章

问答题

1. a. 限制进入定价阻止潜在竞争。
   b. 掠夺定价消除现有企业。
   c. 提高竞争对手固定成本或边际成本可以减少潜在或现有企业。
   d. 渗透定价可以克服网络效应以及其他先动优势。
2. a. 承诺机制。
   b. 学习曲线效应。
   c. 不完全信息。
   d. 声誉效应。
3. a. 这是一个双向星形网络。
   b. 点 H 称作网络枢纽。
   c. 这七个点都叫作“节点”，代表网络用户。
   d. 因为 $n=7$，所以有 $n(n+1) = 7\times(7-1) = 7\times6=42$，即创造了 42 个潜在连接服务。
4. a. 恶化。
   b. 改善。
   c. 提高厂商 2 的边际成本。

5. a. 博弈方 A 的占优策略是上。
   b. 右，博弈方 A 会采取其占优策略，所以博弈方 B 应该先于博弈方 A 行动。
   c. －20 美元。

技能题

1. a. 延展形式博弈如图 13A－1 所示。当博弈方 A 先动，其最佳策略是上。如果博弈方 A 选择下，博弈方 B 就会选择右，因为 1 000 美元明显好于 30 美元。如果博弈方 A 选择上，博弈方 B 的最佳反应是左，因为－100 美元的损失好于－200 美元。这样，博弈方 A 通过选择上，率先行动，从而获得 100 美元收益，比较而言，如果博弈方 A 没有实践先动优势，就只能获得－20 美元的收益。

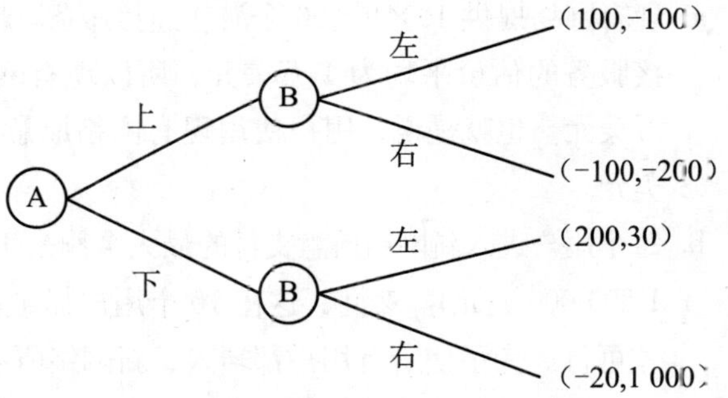

图 13A－1

   b. 博弈方 A 在博弈方 B 有机会行动之前，必须可信地选择上，而且这个选择在行动之前一定会被博弈方 B 得知。
2. a. 限制进入定价。因为目前市场中没有其他厂商，而且建议价格在边际成本之上，所以不应该是掠夺性定价。
   b. 假设厂商能够维持 25 美元的价格，限制进入定价满足 $\frac{\pi^L-\pi^D}{i}>\pi^L-\pi^D$ 时是有利可图的，或者 $\frac{80-50}{i}>80-50$，简单来讲，当 $30/i>20$，解得 $i<1.5$。这说明只要利息低于 150%，限制进入定价就有利可图。
3. a. 掠夺性定价。
   b. 如果 Simon 公司不采取掠夺性定价，它获取的利润现值为（包含目前获得的 500 万美元）：

$$\prod^{N}=5+\left(\frac{1}{1+0.03}\right)\times 5+\left(\frac{1}{1+0.03}\right)^{2}\times 5+\left(\frac{1}{1+0.03}\right)^{3}\times 5+\cdots$$

$$=\left(\frac{1+0.03}{0.03}\right)\times 5$$

$$=34\frac{1}{3}\times 5$$

$$=171.67(\text{百万美元})$$

如果 Simon 公司采取掠夺性定价策略，它现在和未来的利润的现值为：

$$\prod{}^{P}=-40+\left(\frac{1}{1+0.03}\right)\times 20+\left(\frac{1}{1+0.03}\right)^{2}\times 20+\left(\frac{1}{1+.03}\right)^{3}\times 20+\cdots$$

$$=-40+\frac{20}{0.03}=-40+666.67=626.67(\text{百万美元})$$

在这种情况下，显然 Simon 公司获取的利润更高。

4. 有 10 000 个节点，潜在连接服务的总数量是 99 990 000，根据 10 000×9 999 计算得到。因为这些连接服务每一个价值 100 美元，所以网络总价值为 99.99 亿美元。

5. a. 现有网络提供 10×9=90 个潜在连接服务。因为每个消费者对每个连接服务的估价平均为 1 万美元，所以现有网络的消费者总估价为 90 万美元。也就是说，用户使用现有网络愿意支付的最大金额是 90 万美元。

   b. 每个用户进入新网络愿意支付的最大金额是 180 万美元（90×20 000=1 800 000 美元）。然而，这在 10 个用户都愿意向新网络付费的情况下才可行。为了使所有用户都转入，新网络所有者应该考虑渗透定价策略。包括最初免费提供服务，甚至向用户支付小额费用引导用户转入新网络。一旦所有的用户都转入了，针对每个用户制定的价格才能提高到 180 万美元。

选择题和判断题

1. b
2. a
3. d
4. d
5. d
6. d
7. e
8. c
9. c
10. c
11. 正确

12. 错误；渗透定价
13. 正确
14. 正确
15. 正确
16. 错误；更高
17. 错误；当剩余需求曲线位于平均成本曲线下方时，进入无利可图
18. 错误；更容易
19. 正确
20. 错误；瓶颈

第 14 章

问答题

1. a. 市场势力。没有外部性，将导致产品的价格高于边际社会成本，从而产出更少。
   b. 外部性。生产中负的外部性导致产量过大，因为厂商忽略生产的社会外部性。
   c. 公共物品。因为非竞争性和非排他性的特征，每个人都有让他人付费、自己"免费"的动机。这将导致公共物品变得不可获得。
   d. 不完全信息。当消费者认为不完全信息是事物的属性时，他们通常无法进行最优决策，而且不完全信息会破坏整个市场。
2. a. 反托拉斯法。用来避免企业获得或施加过度的市场势力。
   b. 价格管制。用来强迫拥有市场势力的企业制定社会有效价格，进而生产社会有效数量的产品。
3. a. 禁止内幕交易。
   b. 证书。
   c. 诚实借贷法。
   d. 诚实广告法。
   e. 强制执行合同。
4. a. 12.50 美元。垄断厂商生产 5 单位，定价 7 美元，因此无谓损失部分为 0.5×(10－5)×(7－2)＝12.50 美元。
   b. 最高限价 2 美元，垄断厂商生产 10 单位，因此无谓损失为零。
   c. 提高到 25 美元。没有最高限价，垄断厂商生产 5 单位，获得的利润为 (7－2)×5＝25 美元。如果受到价格管制将获得零利润，因此厂商

将支付这一金额以规避管制。

d. 提高到 37.50 美元。消费者获得的消费者剩余等于垄断厂商的利润（25 美元）加上无谓损失（12.50 美元）。所以，所有的消费者加在一起，愿意支付 37.50 美元进行游说以便政府进行价格管制。

e. 少于 4 美分。总的消费者剩余是 37.50 美元，每个消费者的平均剩余是 37.50/1 000 =0.037 5 美元，少于 4 美分。

f. 垄断厂商可能寻租成功，因为它的损失一定比任一消费者得到的大得多。甚至一枚邮票的成本也超过了消费者成功游说的价值，消费者是否会写信给他们的代表令人怀疑。

5. a. 2 个人。街灯的总需求是每个人对于街灯需求的两倍，所以必须有 2 个人。

b. 80 美元。街灯的边际成本是每盏 20 美元，所以 4 盏是 80 美元。

c. 不愿意。对于街灯，个人需求的纵截距是 15 美元，表示即便没有街灯，每个人也仅愿意为第一盏街灯支付 15 美元，这小于每盏街灯的边际成本 20 美元。

d. 4 个，这发生于街灯的总需求等于边际成本（MC）之时。

e. 40 美元。每盏街灯每个消费者支付 10 美元，总费用为 40 美元。

f. 10 美元，因为 $0.5\times(15-10)\times4=10$ 美元。

技能题

1. a. 2.5 单位。$MC_{社会}=MC_{外部}+MC_{内部}=2Q+Q=3Q$，与价格相等，于是有 $3Q=10-Q$，解得 $Q=2.5$，即社会有效产量。

b. 5 单位。竞争行业不计外部成本，因此在$MC_{内部}=P$ 处或 $P=10-Q$ 处生产，解得 $Q=5$。

2. a. 在某种程度上是。如果警察保护你邻居的居住安全，那么你也从中受益，因此存在非排他性的因素；而且只要警察在附近，他就能够同时保护几家人，因此又具有非竞争性。然而，一名警察实际上很难同时阻止两起犯罪。

b. $P_{总}=4\times(10-Q)=40-4Q$。这是消费者愿意为 Q 小时的警务工作支付的总费用。

c. 5 小时。由于总需求等于边际成本，因此有 $40-4Q=20$，解得 $Q=5$。

d. 5 美元。把 $Q=5$ 带入个人需求函数，得到 $P=10-5=5$ 美元。

3. a. 提高到 4 美元。垄断厂商的花费达到其利润，以避免定价为边际成本。为了计算垄断厂商的利润，根据 $MR=5-2Q$，令其等于边际成本（$MC=1$），有 $5-2Q=1$，解得$Q^M=2$。垄断厂商的价格为$P^M=$

5－2＝3 美元。因此，垄断厂商的利润是$P^M \times Q^M - C(P^M) = 3\times 2 - 2 = 4$ 美元。

b. 提高到 6 美元。为了进行游说，消费者愿意支出的费用达到他们所获得的消费者剩余，即价格等于边际成本所获得的剩余。边际成本是稳定的，消费者剩余等于垄断厂商的利润加上无谓损失。计算无谓损失，注意竞争行业是在 $P=MC$ 处或 $5-Q=1$ 时生产。解得$Q^C=4$。因为边际成本是不变的，所以垄断下的无谓损失是：$0.5\times(Q^M-MC)\times(Q^C-Q^M)=0.5\times(3-1)\times(4-2)=2$ 美元，因此，垄断利润（4 美元）加上无谓损失（2 美元）就是消费者可能获得的。

4. a. $Q^{总}=20+2P$，通过$Q^{SD}+Q^{SF}$计算得到。

b. 3.33 美元。设$Q^{总}=Q^d$，得到 $20+2P=30-P$，解得 $P=3\frac{1}{3}$。

c. 9.50 美元。因为有配额，总供给就是国内市场供给，加上给外国厂商的一单位配额，即$Q^{总}=10+P+1=11+P$，就等于国内需求，于是有 $11+P=30-P$，解得 $P=9.50$ 美元。

5. a. 12 美元，这是点 A 处对应的价格。

b. 100 单位，这是点 A 处对应的数量。

c. 将升至 14 美元，即增加了 2 美元。供给曲线向上移动到关税总量处，即点 B 处导致新的均衡出现。点 B 处的价格仅仅比点 A 处高 2 美元，但关税使供给向上移动了 3 美元。

d. 降至 90 单位，即点 B 处对应的数量。

e. 国内消费者得到更少的产品，支付更高的价格，所以他们受损。他们的消费者剩余损失 10 美元，$0.5\times(14-12)\times(100-90)=10$ 美元。

f. 国内生产者受益，因为关税效应下能以更高的价格出售商品，增加产量。

选择题和判断题

1. c
2. b
3. c
4. b
5. d
6. d
7. c
8. c
9. c

10. 正确
11. 正确
12. 正确
13. 正确
14. 错误；社会边际成本测度生产某产品的社会成本
15. 正确
16. 正确
17. 正确
18. 错误；可以减少不完全信息问题
19. 正确
20. 错误

Michael R. Baye，Jeffrey T. Prince
Study Guide for Managerial Economics and Business Strategy，Eighth Edition
0077735641

北京市版权局著作权合同登记号：01-2018-8233

图书在版编目（CIP）数据

管理经济学（第8版）学习指导/迈克尔·贝叶等著；李洁译．—北京：中国人民大学出版社，2019.7

（工商管理经典译丛）

ISBN 978-7-300-27066-1

Ⅰ.①管… Ⅱ.①迈… ②李… Ⅲ.①管理经济学 Ⅳ.①C93-05

中国版本图书馆CIP数据核字（2019）第131164号

工商管理经典译丛

《管理经济学（第8版）》学习指导

迈克尔·贝叶 著
杰弗里·普林斯

李　洁　译

《Guanli Jingjixue（Di 8 Ban）》Xuexi Zhidao

出版发行	中国人民大学出版社		
社　　址	北京中关村大街31号	**邮政编码**	100080
电　　话	010－62511242（总编室）		010－62511770（质管部）
	010－82501766（邮购部）		010－62514148（门市部）
	010－62515195（发行公司）		010－62515275（盗版举报）
网　　址	http://www.crup.com.cn		
经　　销	新华书店		
印　　刷	北京宏伟双华印刷有限公司		
规　　格	185 mm×260 mm　16开本	**版　　次**	2019年7月第1版
印　　张	10 插页2	**印　　次**	2019年11月第2次印刷
字　　数	194 000	**定　　价**	35.00元

教师反馈表

麦格劳-希尔教育集团（McGraw-Hill Education）是全球领先的教育资源与数字化解决方案提供商。为了更好地提供教学服务，提升教学质量，麦格劳-希尔教师服务中心于2003年在京成立。在您确认将本书作为指定教材后，请填好以下表格并经系主任签字盖章后返回我们（或联系我们索要电子版），我们将免费向您提供相应的教学辅助资源。如果您需要订购或参阅本书的英文原版，我们也将竭诚为您服务。

★ 基本信息					
姓		名		性别	
学校			院系		
职称			职务		
办公电话			家庭电话		
手机			电子邮箱		
通信地址及邮编					

★ 课程信息					
主讲课程一1		课程性质		学生年级	
学生人数		授课语言		学时数	
开课日期		学期数		教材决策者	
教材名称、作者、出版社					

★ 教师需求及建议			
提供配套教学课件（请注明作者/书名/版次）			
推荐教材（请注明感兴趣领域或相关信息）			
其他需求			
意见和建议（图书和服务）			
是否需要最新图书信息	是、否	系主任签字/盖章	
是否有翻译意愿	是、否		

McGraw Hill | Higher Education

教师服务热线：800-810-1936

教师服务信箱：instructorchina@mheducation. com

网址：www. mheducation. com

麦格劳-希尔教育教师服务中心

地址：北京市东城区北三环东路36号环球贸易中心A座702室教师服务中心 100013

电话：010-57997618/57997600

传真：010 59575582

教师教学服务说明

中国人民大学出版社管理分社以出版经典、高品质的工商管理、统计、市场营销、人力资源管理、运营管理、物流管理、旅游管理等领域的各层次教材为宗旨。

为了更好地为一线教师服务，近年来管理分社着力建设了一批数字化、立体化的网络教学资源。教师可以通过以下方式获得免费下载教学资源的权限：

在中国人民大学出版社网站 www. crup. com. cn 进行注册，注册后进入“会员中心”，在左侧点击“我的教师认证”，填写相关信息，提交后等待审核。我们将在一个工作日内为您开通相关资源的下载权限。

如您急需教学资源或需要其他帮助，请在工作时间与我们联络：

中国人民大学出版社　管理分社

联系电话：010－82501048，62515782，62515735

电子邮箱：glcbfs@crup. com. cn

通讯地址：北京市海淀区中关村大街甲 59 号文化大厦 1501 室（100872）